MW00723473

LOS DIEZ ERRORES
QUE COMETEN LAS MUJERES...
y que les complican la vida

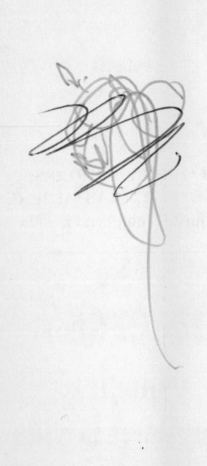

DRA. LAURA SCHLESSINGER

• • • • • • • • •

Los diez errores que cometen las mujeres...

y que les complican la vida

• • • • • • • • •

Javier Vergara Editor s.a.

Buenos Aires / Madrid / Quito
México / Santiago de Chile
Bogotá / Caracas / Montevideo

Título original
TEN STUPID THINGS WOMEN DO
TO MESS UP THEIR LIVES

Edición original
Villard Books

Traducción
Ana Mazía

Diseño de tapa
Verónica López

© 1994   Laura C. Schlessinger
© 1995   Javier Vergara Editor s.a.
          Paseo Colón 221 - 6° - Buenos Aires - Argentina

ISBN 950-15-1495-1

Impreso en la Argentina / Printed in Argentine
Depositado de acuerdo a la Ley 11.723

A mi marido, Lew Bishop,
y a mi hijo, Deryk, quienes siempre me aseguran
que yo soy "una maquinita que puede con todo".

Con todo mi amor

Indice

Agradecimientos

Son muchas las personas a quienes tengo cosas que agradecer. He tenido la buena fortuna de contar con el apoyo, el impulso, la influencia y hasta los codazos de muchos seres de gran talento, que me brindaron su corazón y su amistad. Lamento no haber podido demostrarles el aprecio que merecían en todas las ocasiones. Espero que con estas palabras, y con los actos de mi vida pueda manifestarles el respeto, el amor y la gratitud que se ganaron.

Quien me dio el primer impulso importante fue el doctor Bernard Abbott, anterior jefe del Departamento de Ciencias Biológicas de la USC. Después de mi solicitud, me respondió con un cortés: "Lo siento, pero no existe ningún puesto permanente disponible", y agregó con sentido del humor: "Sin embargo, "¿aceptaría usted un empleo de tiempo parcial, no tan permanente?" Este diálogo precedió a cinco años maravillosos como profesora auxiliar de biología, fisiología y sexualidad humana.

El último curso mencionado fue el que me permitió descubrir mi interés por la psicoterapia.

Por lo tanto, debo dar las gracias al doctor Carlfred Broderick, director del Centro de Relaciones Humanas de la USC. Lo más importante fue que no me "impuso" ideas: indagó en mi mente y en mi corazón para que yo misma pudiese descubrir, aceptar y alimentar lo que yo tenía de especial. Fue el que despertó mi confianza en mí misma.

Marcia Lasswell, actual presidenta de la Asociación Norteamericana de Terapeutas de Matrimonio y Familia, fue mi mentora, maestra, supervisora y ejemplo. Es la más extraordinaria combinación de encanto femenino, belleza, perspicacia e intelecto. Despliega una energía ilimitada y su compromiso y sus logros en el campo del matrimonio y la familia son ya legendarios.

El doctor Jim Hedstrom, Jefe del Programa para Graduados de Psicología de Pepperdine, me dio la oportunidad de enseñar y, por consiguiente, de aprender a fondo mi profesión. Es un hombre inteligente y sensible, de delicada comprensión.

Paralelamente a mi crecimiento académico y profesional, tuve oportunidad de introducirme en un medio a través del cual pude aplicar en la práctica mis conocimientos: la radio y este libro. Debo este vínculo a Bill Ballance, el pionero y el "padre" de un estilo personal para la comunicación por radio. Me "descubrió" por teléfono y me invitó a participar una vez por semana en su programa cotidiano, en la radio de Los Angeles. Cada vez que yo, por miedo o desconfianza en mí misma, quería irme, él me animó a seguir.

Sólo me retiré cuando decidí apartarme de la pelea para engendrar y criar el siguiente milagro de mi vida: mi hijo Deryk. Cuando Deryk tuvo tres años, volví al micrófono por la KWNK, que estaba muy cerca de mi casa, gracias a Manny Cabranes, el individuo más cálido y sensible que existe, que muchas veces se oculta tras una máscara de cascarrabias.

Después de ese recomienzo de mi vida profesional, aterricé en KFI AM 640, gracias a George Oliva, el director del programa. Comencé los domingos, luego los fines de semana, luego seis noches a la semana, hasta la una de la madrugada, hasta que el actual director del programa, David G. Hall, me pasó a los mediodías... ¡sólo para demostrar que yo no era un vampiro y que era capaz de soportar la luz del sol! Estoy reconocida a ambos. David es mi jefe y mi amigo... y sólo él es capaz de armonizar las dos funciones.

Larry Metzler es mi operador y un querido amigo. Me ayudó a organizar el libro y mis pensamientos, grabando llamadas significativas de los oyentes para que yo las revisara. Mientras realizo el programa, Larry mantiene mi ánimo durante los cortes comerciales y las noticias y, por lo tanto, contribuye a mejorar mi trabajo. "¡Larry, sin ti no podría hacerlo!" También estuvo a mi lado cada vez que sufrí una pena.

El resto de mi equipo de radio incluye a Susanne Whatley como apoyo periodístico y a Mark Denis para los informes acerca del tráfico. Nos hemos convertido en un estupendo equipo y en grandes amigos.

Mis colegas terapeutas durante dos décadas, las doctoras Rhoda Marcovitch y Judith Friedman, siempre estuvieron a mi lado como críticas creativas y, lo que es más importante, como amigas. Hubo numerosas ocasiones en que sin ellas no hubiese superado situaciones difíciles.

Dedicaré un párrafo especial a Lew Bishop, mi esposo. A veces pienso que está chiflado, porque es imposible sondear la inmensidad de su constante amor, lealtad, confianza, amistad y sus ingentes esfuerzos en apoyo de mi carrera. Y Deryk sencillamente opina que es el mejor papá posible.

Suzanne Wickham, de la casa Random, me llamó un día y me dijo: "Tienes un libro en tu interior. ¡Escríbelo!" Me asustaba escribir un libro, creo que por temor de exponerme a las críticas. Sin embargo, el entusiasmo y la actitud positiva de Suzanne me ayudaron a superarlo. ¡Y ahora estoy impaciente por comenzar el próximo!

Mi editora, Carolyn Fireside, es un ser humano muy especial además de una estupenda profesional. Antes de comenzar a emplear el lápiz rojo, escuchó muchas horas de grabaciones y leyó innumerables páginas para conocer mi estilo, mi modo de escribir, mi mensaje. Editó este libro teniendo en cuenta esos descubrimientos, sugiriendo correcciones que lo convirtieron en un producto terminado del que estoy muy orgullosa. Gracias, Carolyn.

Al escribir estos agradecimientos, tomé conciencia de las bendiciones recibidas. Me siento bendecida. Y me siento agradecida.

L. C. Schlessinger, 1993

Prefacio

Siempre, desde el comienzo de los tiempos,
Y siempre, hasta que el tiempo exhale su último
aliento,
Para el hombre el amor no será más que un estado
de ánimo,
Y para la mujer, en cambio, la vida o la muerte.

Ella Wheeler Wilcox
1850-1919

Es mi esperanza que este libro ayude tanto a los hombres como a las mujeres a lograr una armonía mayor entre el amor y el trabajo y, en consecuencia, a aprender a vivir juntos con más alegría y sentido.

Este libro le resultará arduo de leer, quizás hasta doloroso, y tal vez le provoque enfado.

Existen diez millones de excepciones a todo lo que afirmo. Y sin embargo... ¡todo lo que digo es cierto!

Introducción

Este no es un libro de autoayuda, pero —valga la redundancia— ayudará a las mujeres a ayudarse a sí mismas. ¿Te parece un doble discurso? ¡Por favor, sigue leyendo!

Hay otra contradicción aparente. La inspiración para *Los diez errores que cometen las mujeres... y que les complican la vida,* proviene de dos fuentes masculinas: el primer técnico de sonido de mi programa de llamadas telefónicas en la emisora KFI AM 640 de Los Angeles, y mi padre.

Primero, me referiré al técnico. Después de trabajar para mí durante más de seis meses, tres horas por noche, cinco días a la semana, Dan Mandis había escuchado a casi veinticinco mujeres por programa quejándose de "ese tonto". "¿Sabes, Laura?", me dijo en un momento en que yo estaba desprevenida. "Si uno escucha tu programa durante el tiempo suficiente, comienza a pensar que las mujeres son estúpidas."

Para mi punto de vista de terapeuta, compasivo y carente de enjuiciamiento, ese comentario significaba una herejía. Sin embargo, después de un tiempo comencé a preguntarme si no tendría algo de verdad. Sí, las mujeres nos vemos llevadas por impulsos irreales y necesidades primarias que se relacionan con la nostalgia de un paraíso entrevisto en la niñez. Y sí, el sentido práctico muchas veces convierte nuestras elecciones y actitudes en algo demasiado complejo para comprender... y no hablemos de manejarlas. Eso forma parte de la condición humana. Pero debo admitir que las mujeres cometen tonterías a conciencia, tales como manipular, quejarse, lamentarse, enojarse, deprimirse, sufrir ansiedad, abusar de la comida y de las

19

drogas, y de ese modo creen evitar tomar medidas activas para mejorar su situación. Se rinden. Se vuelven "gallinas". Actúan de manera equivocada.

Un ejemplo: una de mis oyentes llamó para contar que "tenía problemas" para bajar de peso. Afirmaba que había leído cuanto libro de autoayuda pudo conseguir, en busca de un argumento con el que identificarse. Llamó, frustrada, porque aún no lo había descubierto.

¡Ah, qué bien! En otras palabras, hasta que no se encuentre a sí misma en un libro (cosa que, estoy convencida, jamás sucederá), tiene la excusa perfecta para no hacer nada... y esa "nada" incluye enfrentar el hecho de que, en esencia, es perezosa. Tal vez su objetivo en la vida sea llegar a tener el aspecto de una modelo, y pese a ello no está dispuesta a hacer el menor esfuerzo para lograrlo.

Os aseguro que no existe ninguna categoría de diagnóstico psiquiátrico para la pereza, la inmadurez, la cobardía, el egoísmo y la franca estupidez. Y aun si existiese, no importaría, pues nadie le presta ya atención. ¿Sabe por qué? ¡En la Era de la Víctima, nada es culpa de nadie! Las mujeres barrieron con todos los rasgos de personalidad que acabo de enunciar, asistidas e instigadas por una catarata de libros de autoayuda, e insisten en racionalizar su conducta autodestructiva identificándose a sí mismas como "enfermas". Codependientes, adictas, mujeres que aman demasiado, heridas por un pasado difícil, y así de seguido, nos hemos provisto de una verdadera parafernalia de "identidades" nuevas, que nos permiten regodearnos con nuestra debilidad.

¡Pero escuchad a la doctora Laura! Para que nuestra vida pueda mejorar, se necesita sacar a luz esa debilidad. A menos que la asuma usted, seguirá siendo una víctima. ¡Y no hace falta que sea una científica espacial femenina para saber quién es el victimario! Dan, el técnico —un hombre— puede decírselo de inmediato. ¡Es usted! Eso es lo que quiso expresar al decir que las mujeres parecían estúpidas. El error fundamental consiste en no respetarse a sí misma como merece.

Y subrayo que si desea gozar de una autoestima más elevada, existe sólo una manera antigua y probada: ¡tiene que ganársela!

En lo que se refiere a la segunda inspiración para este libro, mi padre afirmó una vez durante la cena que los hombres no podrían realizar nada turbio en lo político ni en lo personal si las mujeres no lo consintieran. Enumeró todas las transgresiones imaginables: hurtos, abuso, guerra, corrupción política, y muchas otras cosas. De acuerdo con el argumento de mi padre, el poder básico de las mujeres sobre los hombres consistía en la aceptación y/o aprobación sexual.

A mi padre le encantaba provocarme, en especial a la hora de la cena, pues al parecer sentía que su día estaba completo cuando lograba enfurecerme de inmediato ante la idea de que los hombres eludiesen la responsabilidad por sus propios actos. Igual que con el comentario de Dan, comencé a pensar que podría haber cierta verdad en la afirmación de mi padre. "Una mujer", pensé, "no es responsable por las elecciones del hombre. No obstante, sí es responsable por las propias que a menudo incluyen tolerar comportamientos detestables de parte de los hombres con el fin de evitar la soledad, la autoafirmación y la independencia, por ejemplo."

Si desde el primer encuentro con un tipo grosero la mujer manifestara con toda claridad y firmeza su desprecio, el sujeto tendría que modificar su conducta o bien esperar que la mujer lo sacara con cajas destempladas. Si en cambio la mujer sólo tiene en cuenta su propia dependencia y su necesidad desesperada de aceptación masculina, olvida la dependencia y la necesidad de aprobación del hombre y sigue siendo sexualmente receptiva, estará proporcionándole una inequívoca señal de que tolera ese mal comportamiento. Tuve que admitir, pues, que mi padre tenía algo de razón. Por desgracia, como ya falleció, nuestra batalla intelectual pertenece al pasado.

De paso, soy consciente de que los hombres desconfían de las psicoterapeutas mujeres, suponiendo que desalientan a los varones. Muchachos, cualquiera de ustedes que eche un vistazo a este libro, puede tranquilizarse. ¡En realidad, me dedico a desalentar a las mujeres! ¡Prepárense, muchachas, porque estoy quitándome los guantes y me dispongo a decirles la verdad desnuda! Vosotras podéis afrontarla. Necesitáis escucharla.

Aquí va: no son los hombres los que la hacen desdichada. ¡Es usted misma! ¡Si no es feliz con su hombre, yérgase y elija uno mejor! Ponga en la perspectiva adecuada la cuestión de la escasa autoestima. La vida es dura. Sólo aquellos que estén dispuestos a no dejarse abatir durante los períodos de dolor, de pérdida o incluso de temor, lograrán respetarse a sí mismos. Es así de simple.

Si no quiere hacer el esfuerzo, deberá admitir que decidió no crecer. Si cambiar le resulta muy duro, olvídelo... y al menos quédese en paz consigo misma. Si tiende a excusar su debilidad interna y su pasividad y se dispone a pasar años "recuperándose", adelante. En cambio, si le interesa más ayudarse a sí misma que la llamada "autoayuda", que representa la búsqueda eterna de una cura milagrosa a través del título más reciente del nuevo gurú, entonces, ¡este libro es para usted!

¡Rebelaos, mujeres! No volváis a caer en la endeble explicación del motivo patético aunque comprensible para someterse. Escribí este libro para animarla a descubrir de qué madera está hecha. ¡Y cuando lo haga, le aseguro que se sorprenderá!

Los diez errores que cometen las mujeres... y que les complican la vida, no se refiere a pasos, a síntomas ni a programas. No habla de la "recuperación". No es una "solución milagrosa" para sus problemas, de esas que ofrecen logros sin esfuerzo.

La intención de este libro es abrirle los ojos, alertarla y que se vuelvas inteligente.

Sin embargo, no servirá para todas las mujeres.

Algunas de vosotras os disgustaréis, hasta lo rechazaréis, pues "mirarse en el espejo" no siempre refleja un "bonito retrato" y porque es doloroso enfrentarse con las propias equivocaciones. Incluso es posible que comprenda que tengo razón, pero todavía no esté dispuesta a contemplarse a sí misma con objetividad.

Entonces, dése la libertad de arrojar el fruto de mi trabajo al otro lado de la habitación, maldecirme o sencillamente ignorarlo. ¡Pero por favor, por su propio bien, téngalo a mano!

Porque algún día, cuando las cosas empeoren demasiado y el sufrimiento y la sensación de impotencia sean insoportables, recurrirá a él. Y estará disponible para ayudarla a tomar la decisión más importante: ¡luchar para abrirse camino y hacerse cargo de su vida!

1

Vínculo desatinado

¿ACASO LA MUJER ES SOLO UN APENDICE DEL HOMBRE?

Recuerdo el momento exacto en que sentí que tenía que escribir este libro. Fue unos años atrás, cuando mi marido y yo salíamos del cine de ver *El club de los poetas muertos*, protagonizada por Robin Williams. Tal vez recordéis que la película trataba sobre los estudiantes de una exclusiva escuela de varones, y estaba ambientada en los años cincuenta. ¿Y entonces? ¿Cuál es el conflicto? No es un tema que pueda provocar emociones intensas en una mujer de los noventa y, no obstante, yo me sentí profundamente perturbada... y también sorprendida, pues mis sentimientos no guardaban proporción con los sucesos dramáticos de la película.

Mientras intentaba entender por qué me sentía así, descubrí que concentraba mi ira en la madre del estudiante principal de la película, un muchacho sensible al que el padre no le permite llevar a cabo su sueño de ser actor de teatro. "Mi hijo será médico", refunfuñaba el padre, "y no hay más discusión."

Mientras el padre hace esa afirmación, la madre se limita a permanecer en un rincón, sufriendo en silencio. Contempla la absoluta desmoralización del hijo sin hacer nada. Antes de irse a la cama como una buena esposa, abraza con ternura al hijo, le palmea la espalda con solemnidad y luego se aleja, triste.

El joven se suicida con la pistola del padre.

Yo me volví loca de dolor.

Me horrorizó que una madre pudiese apoyar al padre y permitir que la insensibilidad y el egoísmo de éste destruyera a su propio hijo.

Cuando mi esposo y yo llegamos al aparcamiento, me sentía furiosa por la debilidad de carácter de la madre, su cobardía y su sumisión. De hecho, me pareció más culpable que el padre por la muerte del hijo.

El padre estaba por completo inmerso en la conducta del macho competitivo y consideraba al hijo como una extensión de su propio ego. Después de todo, ¿acaso era tan terrible desear que fuese médico?

Sin embargo, la madre conocía el corazón del hijo. Sabía que estaba colmado de poesía, y que no necesitaba llevar un estetoscopio encima.

Pero no se atrevió a enfrentarse con el esposo manipulador.

Una mujer de mediana edad que había aparcado cerca de nosotros me escuchó protestar acerca de la culpabilidad de la madre y la defendió, con el propósito de tranquilizarme a mí. —Bueno —dijo en tono firme— así eran las mujeres en aquellos... ¡en mis tiempos!—. La intención era de simpatía hacia ese personaje femenino tan servil de cuarenta años atrás, y eso no hizo otra cosa que enfurecerme y entristecerme más aún.

Los chicos anhelan ser valientes... mientras que las chicas anhelan el cabello rizado y no tener celulitis

Mientras regresábamos a casa, yo continuaba reflexionando y mi ánimo se tornaba más melancólico. Mi siguiente observación incluso me sorprendió a mí misma. —¿Sabes, Lew?, no se podría haber hecho *El club de los poetas muertos* basada en un colegio de niñas... ¡estuviese ambientado en la década de los cincuenta o en el presente! La película se refiere a ideales, aspiraciones, descubrimientos personales a través de acciones valientes, y no a limitarse a asistir a alguna organización de "Hijos Adultos de Padres Imperfectos".

—Déjame preguntarte algo —proseguí—. Si la película transcurriese en un colegio de niñas, ¿crees que alguien la hubiese "comprado"? ¿Tendría sentido? ¿Expresaría lo que el autor quiso decir?

Mi esposo lo pensó un instante y luego me dijo: —No, creo que no.

¿Es usted sólo el apéndice de un hombre?

La admisión de mi esposo acerca de esta verdad tan obvia me provocó una honda tristeza, frustración y furia, y también vergüenza de y por las mujeres, la clase de mujeres representadas por la que había tratado de consolarme en el aparcamiento. Mujeres que quizá sean como su madre o su tía, su maestra o amiga, incluso como usted misma, que emplean un arsenal completo de excusas para eludir el hecho de que se definen a sí mismas y a su propia función en el mundo sólo a través de los hombres... ¡y casi no importa qué clase de hombre sea! (Avanzado el libro, habrá más con respecto a este tema... mucho, mucho, mucho más.)

No desdeñes los aspectos positivos del comportamiento masculino

En los últimos quince años he trabajado con hombres y con mujeres, tanto en mi consulta privada como a través de la radio, y no deja de asombrarme la miopía de las mujeres acerca de la vida y de sí mismas, ¡y cuánto se quejan de los hombres! En ocasiones me pregunto si la falta de quejas acerca de los hombres podría terminar con la industria de los programas de radio donde se habla de estos temas. La mayor parte de lo que se escucha en dichos programas se refiere a lamentaciones acerca de lo remisos que son los hombres a comprometerse con las mujeres después de una relación de minutos... o de milenios.

Al parecer, las mujeres prefieren lamentarse de los problemas que resolverlos. En cambio, es característico de los hombres que prefieran resolver los problemas antes que hablar de ellos. Se critica a los hombres por no comportarse como mujeres: hablar, hablar, hablar, plañir, quejarse, analizar, reanalizar, etcétera. ¡Uf!

Para emplear un dicho familiar: "Por qué las mujeres no se parecerán más a los hombres", en ocasiones no sería mala idea. El impulso femenino de existir a través de los hombres es tan fuerte que se pierden el ejemplo positivo que estos podrían brindar.

Al contrario de lo que afirma el discurso feminista, hay muchas cosas que podríamos aprender de la perspectiva masculina acerca de la vida y la identidad personal. Negarse a aprender algo que podría ser beneficioso para uno mismo es una definición bastante concreta de la necedad. Creo con toda sinceridad que si las mujeres observaran la conducta masculina en lo que se refiere a positividad, coraje, destino, propósito, honor, sueños, empeño, perseverancia, orientación hacia una meta, etcétera, gozarían de una vida más plena, elegirían a hombres mejores con los cuales convivir y tendrían mejores relaciones con ellos.

"¡Soy una Barbie: mira cómo me crece el pelo!"

Claro que existen mujeres especiales, maravillosas, que nacieron y/o se impregnaron de un fuerte sentido del destino personal... incluso tal vez sea usted una de ellas. Por lo general, las aspiraciones y las intenciones elevadas no concuerdan con el concepto de las mujeres acerca de la femineidad, pues la decisión de llevar adelante una vida extraordinaria no forma parte del pensamiento típico femenino. Para ser honesta, ni las mujeres ni los hombres pueden concretar los sueños y los propósitos sin dificultades, oposiciones, decepciones y fracasos. Cuando los franceses dicen: "La vie est dure", "la vida es dura", se refieren a todos los seres vivos, no sólo a la humanidad femenina. Si quiere madurar, deberá enfrentar el hecho de que los cambios indoloros sólo ocurren en los cuentos de hadas.

De modo que, deje de culpar a los hombres, a la sociedad o a cualquier otro factor por sus desilusiones personales. Adopte la decisión de ser más importante para si misma y para los demás. Sólo así podrá afrontar cada día de la vida.

El "alto" precio de la "baja" autoestima femenina

El precio de no tomar la iniciativa hacia una especialización personal siempre fue grande y continúa siéndolo. Como por lo común las mujeres no definen la autoestima y los objetivos en función de los logros personales la vía que hallaron para obtener cierto sentido de identidad fue, básicamente, a través de las relaciones. Esta actitud resulta decepcionante y destructiva. Lord Byron escribió, en 1830: "Para los hombres, el amor es una cosa aparte, para las mujeres, es toda su existencia."

Por desgracia, sigue siendo cierto.

"¡Mujer, aún no hemos recorrido un camino lo bastante largo!"

En *Los Angeles Times*, (del 22/11/92... lo cual significa 1992, y no 1892), se publicó una afirmación de Whitney Houston: "Se da por hecho que las mujeres deben de tener marido. Eso es lo que nos da algún valor y, por lo tanto, nos valoramos a través del casamiento."

Incluso en el presente, cerca del fin del siglo veinte, existen mujeres jóvenes para las cuales la sola posibilidad de tener una vida independiente del vínculo con un hombre es un descubrimiento. Vean si no las sorprendentes afirmaciones en un artículo de *Los Angeles Times* (2/11/93), cuyo título era "Nuevas reglas para el amor adolescente": "... ella nunca creyó posible que una chica pasara la noche de un sábado sin tener una cita... y aun así, sentirse bien: 'Estaba convencida de que si no estabas con alguien [un muchacho], no eras nada. Entonces, el sábado pasado fui al cine con Michelle. Me costó creer que fuese divertido salir con otras chicas.'"

¿Una chispa de esperanza? Quizá, pero...

Una mujer de treinta y un años que había tenido varios romances con atletas, confesó esto a la revista *Times* (25/11/91): "Para las mujeres, la mayoría de las cuales no realizan ningún trabajo significativo, la única forma de identificarse es decir con quién se acuestan. La que se acuesta con cualquiera es calificada de ramera. Pero la que se ha acostado con Magic Johnson es la mujer que se ha acostado con Magic Johnson. Es como si eso le confiriese legitimidad."

Aquí no hay nada nuevo: la identidad femenina a través del vínculo con un hombre considerado muy especial. Y Dios la ayude si esa opinión cambia, pues una vez que la estrella cae, del mismo modo se derrumba el sentido de importancia de la mujer. Sencillamente, deja de existir. No me extraña que muchas mujeres se enfurezcan con sus hombres por sufrir fracasos comprensiblemente humanos, y no permanezcan junto a ellos en las épocas difíciles.

Matemáticas elementales: el matrimonio no es igual a la valía personal

—Y ahora, Susan, desde Santa Clarita, estás comunicada con KFI —comenzó la conversación. Y Susan, de veintinueve años, empezó diciendo que estaba casada desde hacía cinco meses y medio pero que aún se sentía insignificante. El esposo, la condición misma de casada... en fin, las cosas no eran como las había imaginado.

—En mi vida —dijo en tono abatido— nada me reafirma en mi autoestima.

Considérelo desde este ángulo: si lleva al matrimonio los objetivos, los sueños y la autoconciencia, la otra persona puede representar una fuente inagotable de consuelo y apoyo cuando su carrera o alguno de sus amigos está pasando por una situación difícil. Esto es cierto para cualquier cosa que signifique un ataque a su ego... es más: puede y debe hacer lo mismo por su pareja.

En cambio, si lo único que aporta a la relación es su

necesidad, el equilibrio se rompe. Se conviertes en la hija de su esposo, en la permanente "dama en apuros". Aunque la "dama" pueda exhibir una seguridad masculina durante un período, no pasará mucho tiempo hasta que se convierta en una constante saqueadora emocional, en un ser que sólo es capaz de "tomar".

En una situación tan desequilibrada es muy probable que se sienta sola, pues los sentimientos de valía personal no provienen de la sola existencia o de la presencia de alguien en la vida de una. Por el contrario, contar con eso sólo intensifica el dolor que causa la asunción de la carencia de valor personal.

¿Quiere lograr autoestima? Consíga del modo tradicional: ¡ganándola!

Acerca de esta importante cuestión de la autoestima, afirma la psicóloga social Carol Tavris que, en el presente, la autoestima es sólo una sombra de lo que fue. "En otro tiempo", asegura, "se refería al sentido básico de valor personal; actualmente, ese significado se ha ido estrechando hasta llegar a ser simplemente el hecho de sentirse bien con uno mismo. La autoestima se basaba antes en los esfuerzos cotidianos, en los cuidados y en los logros en los que se apoya la formación del carácter. En cambio, en el presente se apoya en el aire, en ser en lugar de hacer."

Cuando las mujeres como Susan, sumidas en el pantano de la depresión y la baja autoestima se preguntan: "¿Cómo puedo incrementar mi autoestima? ¿Puede recomendarme un libro? ¿Un seminario? ¿Un taller? ¿Un grupo?", yo respondo: "¡La autoestima se gana! Cuando se atreva a soñar, a perseguir ese sueño, a sobrellevar el dolor, el sacrificio, las dudas y la pelea con el mundo, cuando manifieste coraje y tenacidad, se asombrará a sí misma. Y lo que es más importante aun, se tratará a ti misma de acuerdo con esa pauta y no permitirá que nadie la desmerezca... al menos, por mucho tiempo."

La autoestima siempre surge de los propios esfuerzos. Todavía me cuesta creer las actitudes derrotistas que emplean las mujeres para eludir dichos esfuerzos.

31

Una relación lamentable nunca es mejor
que no tener ninguna

Vanessa, de veintisiete años, que llamó al programa, estaba furiosa porque el novio, que abusaba de ella tanto física como verbalmente, la había abandonado para volver con una novia anterior, a la que también había maltratado.

Lo que más me asombró fue que Vanessa no estaba enfadada porque la hubiese maltratado. ¡Se quejó porque la había abandonado!

Le dije, con cierta ironía: —¡Si aceptaste semejante porquería, al menos hubiese debido tener la decencia de reservarla sólo para ti!

Me respondió: —Lo sé —y rió.

Vanessa prosiguió: —Dejé muchas cosas de lado. Y mi aceptación hacia mí misma estaba basada en la de él. Sólo que no puedo entender por qué hizo lo que hizo.

Vanessa había tolerado tanto maltrato esperando que eso le garantizaría un amor infinito y el vínculo, pero no resultó. ¡Qué golpe!

Cuando le sugerí que me hablara de sus propios logros, que nombrara uno sólo, Vanessa no pudo hacerlo. Cuando le mencioné el trabajo duro y el sacrificio como medios para lograr algo significativo, desechó la idea diciendo que tal vez fuese perezosa.

Le pregunté si todo ese "sturm und drang" de la relación con ese chiflado le resultaba "excitante". Volvió a reír y admitió que lo era.

—Las peleas, las reconciliaciones, las dudas, el dolor. En cierto modo, son excitantes. Sin duda, colman mi vida.

¿Eso se puede llamar vida?

No espere que un hombre comparta su actitud de
"todo sea por amor"

Espero haber ayudado a Vanessa a ver un poco de luz socavando su negativa. En verdad, espero haberla ayudado también a usted a ver más claro. Me parece un derroche trágico ver a mujeres jóvenes que sufren sin cesar por no tener metas propias, ver que actúan de manera tan necia. No podría decir con cuántas jóvenes he hablado durante años que están furiosas porque los hombres con los que se han vinculado no quieren casarse mientras se esfuerzan con los estudios y/o construyen sus propias carreras. Si es usted una de esas mujeres, tómelo en cuenta... ¡o siga el ejemplo! Porque, como ya dije, los hombres tienen características que sería prudente adoptar.

Una buena vida requiere valor

Permitidme relataros un dibujo animado estupendo, creado por un varón, Jules Feiffer. Un hombre encuentra a un gurú en el camino y le pregunta: "¿Cuál es la ruta hacia el éxito?" El sabio, de túnica y barba, no habla sino que señala hacia un sitio en la distancia. El hombre, entusiasmado por la posibilidad de un éxito fácil y rápido, corre en la dirección indicada. De pronto, se oye un ruido sordo y fuerte. Entonces, el hombre vuelve cojeando, herido y atónito, suponiendo que entendió mal el mensaje. Repite la pregunta, y el gurú, sin hablar, vuelve a señalarle en la misma dirección. Obediente, el hombre emprende otra vez el camino. En esta ocasión, el golpe es demoledor y, cuando el hombre se arrastra nuevamente hacia donde está el gurú, está ensangrentado, con los huesos rotos, hecho un despojo... y enfurecido. "Te pregunté cuál era la ruta hacia el éxito", le grita al gurú. "Seguí la dirección que indicaste. ¡Y lo único que obtuve fueron golpes! ¡Basta de señalar! ¡Habla!" Sólo entonces, el gurú habla, y dice lo siguiente: "El éxito está en esa dirección. Un poco después de los golpes."

Los logros que conducen a la autoestima no son sólo cuestión de hacer algo... Tienen que ver con el valor de insistir, de superar el dolor, el fracaso y la duda... de pasar los golpes.

Perdí la cuenta de la infinidad de llamadas que daban un triste testimonio de las situaciones "románticas" extraordinarias e inapropiadas en las que se metían las mujeres porque nunca tuvieron la valentía de superar los golpes, de concentrarse en el esfuerzo como única vía hacia la autoestima y la identidad positiva.

Ya imagino la reacción de las ultrafeministas que lean esto: querrán derribarme de un golpe en este mismo instante argumentando que las mujeres no pudieron hacer cosas importantes porque los hombres no las dejaron. Si bien no niego la realidad de la estructura masculina de poder, quisiera reprocharles severamente por deshacerse de la responsabilidad. Hace poco, hablé ante un grupo de mujeres de elevada educación, realizadas, pertenecientes a la Asociación Norteamericana de Mujeres Universitarias. El enfoque de la charla se refería a los obstáculos que impedían que las mujeres se realizaran en mayor medida.

La ironía fue arrolladora. Ahí estaba yo, rodeada por cientos de mujeres de éxito, de todas las edades y razas, que se las habían arreglado para triunfar. ¿Por qué no las observamos?

Por supuesto, eso se podría hacer. Sí... si no es usted perezosa o cobarde.

Tendría que existir una ley contra las trampas románticas

Por desgracia, cuando una mujer no se atreve a soñar o a llevar adelante un propósito, de darle un sentido a su vida, por lo general es a causa de las expectativas desmedidas que deposita en la relación con un hombre y/o en engendrar hijos... y a menudo utiliza lo segundo para asegurar lo primero. Quizás, el exponente más impresionante (y desdichado) de esta actitud sea Jennifer, de veintidós años, de Glendale.

Jennifer, con la voz cargada de lágrimas, nos contó que "estaba con" el novio desde hacía dos años, aunque no convivían. Ahora está embarazada, pero cuando le informó de ello a su novio este se puso furioso y quiso que abortara. La acongojaba que la relación se hubiese dado vuelta, que al hombre le disgustara la idea de tener un niño y que se sintiese traicionado...

Sin embargo, el punto principal de la llamada era que Jennifer estaba enfadada con él.

Dra. Laura: —¿Utilizasteis anticonceptivos?

Jennifer: —Bueno, yo estaba tomando la píldora, pero la dejé cuando decidí...

—¿... decidiste quedarte embarazada?

—Hmm... sí... El quería estudiar y conseguir un empleo mejor antes de que nos casáramos, pero yo no quise esperar cuatro o cinco años.

—Jennifer, no puedo creerlo. ¿Comprendes que lo que hiciste es terrible?

—Bueno, sí... pero...

—¡Nada de "peros"! Cuando decides por tu cuenta engañar a una persona, aunque creas que lo haces por amor, esa persona tiene todo el derecho de desconfiar de ti y de no sentir lo mismo que tú.

—Pero, ¿acaso podría ser feliz, yo sola con el niño?

—Eso es duro. Este embarazo no tiene nada que ver con el deseo de ser madre o de formar una familia. Tiene que ver con el deseo de manipular a alguien para que cambie su vida antes de que esa persona esté dispuesta a hacerlo. Y lo hiciste porque no tienes vida propia fuera de lo que supones que te brindaría el matrimonio. Sé que estoy diciéndote cosas que no quieres escuchar. Pero aun así, dudo que las ignores. Si comprendes que aún no estás preparada para ser madre y que él no quiere todavía ser padre, tendrías que pensar en la posibilidad de la adopción, de modo que este niño sea criado por una pareja que le ame y que esté dispuesta a cuidarlo.

—No sé qué hacer para que las cosas mejoren...

—Bien, tal vez él no quiera casarse contigo pero sigue siendo el padre de la criatura, lo haya decidido o no. Lo obligaste a ser padre antes de que estuviese preparado. No sé cómo terminará esto entre vosotros dos. Pero te aseguro que tendrás que hacer un esfuerzo particular para madurar, asumir la responsabilidad total por lo que hiciste y comprender cuánto te asustaba la idea de una vida adulta para que llegaras a semejante extremo. Esto no tiene nada que ver con ser esposa, madre o adulta. En este momento estás embarazada y, por lo tanto, tienes que tomar una importante decisión; enfadarte con tu novio por no "adaptarse a los hechos consumados" no es la clase de actitud que necesitas adoptar. Es comprensible el enfado de tu novio, y tú tienes que decírselo.

—¿Debo decirle que le tendí una trampa, que lo engañé?

—¿No puedes ser franca con él y pretendes que se case

contigo? Escúchame: el sello distintivo del matrimonio, de cualquier relación íntima, es la sinceridad, en particular en lo relativo a tus debilidades. ¿Sabes qué creo? Creo que si en este momento ese muchacho se casara contigo sería porque está loco. Si quieres que cambie de actitud, primero tienes que decirle que estás arrepentida. Asume el compromiso de ser honesta... con él y contigo misma. Admite la realidad de tus temores y llévalos al lugar que corresponde: a un psicólogo. Tienes que dejar de manipular a los demás y enfrentarte directamente con tu temor de carecer de identidad. Puedes hablar de esos temores, superarlos y crecer a partir de ellos. Y recuérdalo, Jennifer: ¡no tendrás ninguna posibilidad de futuro con tu novio... a menos que comiences a decir la verdad!

No puedes compartir lo que no tienes... y eso se cumple doblemente en el caso de la responsabilidad

Al colgar, Jennifer parecía algo más equilibrada y resuelta que al comienzo de la conversación telefónica. Tal vez piense usted que fui demasiado dura con ella, que en parte se justificaba el enfado de Jennifer con el novio: a fin de cuentas, estaba comprometido en una relación sexual con ella y debía saber que la sexualidad acarrea riesgos además de placer. Las píldoras anticonceptivas tienen un 2% de fallos: eso significa que de cien mujeres que las utilizan en un año, dos de ellas quedarán embarazadas. Ese es el rango de error teórico de las píldoras, que en la realidad resulta mayor porque no incluye las equivocaciones humanas.

De hecho, si el novio hubiese llamado, furioso y criticando a la novia por haber quedado embarazada aun tomando la píldora, interrumpiéndole así sus propios proyectos de vida (y debo decir que recibí muchas llamadas de hombres por este tipo de situaciones), yo le habría dicho que no importaba si la píldora había fallado o la novia se había olvidado de tomarla, ¡y que él es el responsable de su propio esperma! Ahora tendría que incluir la paternidad en su vida. Cuando un adulto tiene una vida sexual activa, debe asumir la responsabilidad por los riesgos y las consecuencias.

Con toda intención, no le señalé esto último a Jennifer porque quería remarcar las responsabilidades de esta joven. Quería hacerle notar, tanto a ella como a las oyentes que pudiesen identificarse con el temor a la vida y a la autonomía, que cualquier decisión o acción dirigida a manipular a los hombres para obligarlos a hacerse cargo de sus mujeres son inescrupulosas, cobardes, egoístas y destructivas. Punto.

En capítulos siguientes, leerás más acerca de estas espantosas tácticas que, sin embargo, son sólo algunos los errores con que las mujeres se embrollan la vida.

Las obsesiones y el martirio (el trabajo social gratis) son barreras inútiles contra la autonomía femenina

¿Está usted obsesionada con el peso, los muslos, los pechos, la fragilidad de su pelo? Si no tuviese esos problemas, ¿la amarían?

Silvia tenía un problema físico verdadero: calvicie de tipo masculino en las mujeres de la familia. Tenía aguda conciencia del problema y se trataba con un médico para controlarlo.

Era comprensible que se sintiese avergonzada de su propio aspecto, pero la preocupación tenía un sesgo obsesivo: leer libros al respecto, comprar, intentar, preocuparse, tomar medicamentos, etcétera.

Le pregunté cuándo notaba que se concentraba más en el problema del cabello.

Silvia admitió: —Los últimos cinco años asistí a la universidad y encuentro dificultades en el estudio. Me resulta duro trabajar y asistir a clase. Y se trata de una carrera difícil: periodismo en los tribunales. En ocasiones, me cuesta concentrarme: no me resulta fácil.

Le expliqué que cuando las cosas se ponen pesadas, arduas, cuando nos provocan temor, siempre resulta más fácil encontrar otras cuestiones de las que preocuparse en lugar del trabajo. No es nada novedoso. Hasta los estudiantes de secundaria conocen ese sentimiento y también los juegos de dilación y distracción que suelen emplearse.

—Cuando te sientes presionada —le dije— te obsesionas—.

También le sugerí que sobrellevara el esfuerzo del trabajo duro, la incomodidad de sentirse diferente. Le señalé que tenía que adoptar una actitud más positiva y divertirse un poco más.

Es obvio que la obsesión por las propias imperfecciones contribuye a un descenso de la autoestima. Y del mismo modo en que el agua busca su nivel, los hombres y las mujeres buscan parejas que sientan a su propia altura. Sólo que no parece tan evidente como en realidad es.

Existen legiones de mujeres que permanecen junto a hombres que abusan de las drogas o del alcohol y/o son inmaduros e irresponsables, y/o las traicionan desde el punto de vista emocional, sexual y financiero, y/o no resultan un apoyo... en resumen, que no son ninguno de los buenos tipos que andan por ahí.

Por lo general, se descubren estos aspectos en las primeras etapas de la relación, y esta comprensión es el atractivo que seduce en lugar de ser una señal para salir huyendo.

Al proseguir esa relación, por cobardía y autonegación, usted cierra el círculo hacia su "objetivo", sacrificándose en el altar del dolor y las necesidades de otra persona. En esto reside el atractivo: en la posibilidad de que el hombre "se quede con usted", pues depende de su cuidado. Entre la dependencia del hombre y su "misión", logra una identidad y un sentido de seguridad, aunque sean retorcidos, lo que en su momento la lleva a un desvío que no tiene que ver con la sexualidad.

Cuando dedica la vida a "encontrarte a si misma", lo más probable es que no lo consiga

Otra forma de rechazar la concreción de objetivos y la identidad es esconder la cabeza en la arena, huir, y desplazar el compromiso hacia cualquier propósito, ¡de cualquier manera! Ese fue el caso de Sibella, de treinta años, que llamó desde Santa Monica.

Sibella intentaba decidir si irse a Alemania a vivir con un hombre y asistir a un seminario filosófico espiritual, o quedarse en California y comenzar una carrera. La trampa consistía en que no tenía idea de qué carrera comenzar. Admitió que no sentía haber obtenido ningún logro, si bien siempre le habían dicho que tenía un gran potencial...

Dra. Laura: —Atemoriza, ¿verdad? Cuando al fin llega el momento de poner a prueba ese supuesto potencial...

Sibella: —Sí, y es curioso... yo no... al menos creo que no temo a un probable fracaso.

—Oh, bueno, en ese caso debes de ser la única persona sobre la tierra que no le teme. Es mentira, Sibella, pero ha sido un buen intento. Y te digo que una de las cosas características que hacen las mujeres en este tipo de situación es irse a vivir con un hombre mientras él desarrolla "lo suyo", lo cual en última instancia las vuelve resentidas, porque compite con ellas por la atención del hombre. Lo único que estás haciendo es posponer.

—Sí. Y es porque... bueno... en realidad me dediqué mucho a encontrarme a mí misma, pero aun así, todavía no sé cuál es el verdadero objetivo de la vida.

—Ese objetivo lo concretas todos los días. Yo descubro el propósito de la vida cuando contemplo el dulce rostro de mi hijo. Lo percibo cuando recibo llamadas telefónicas aquí, en KFI, converso con alguien y siento que puedo haber ayudado al que llamó y también a algún oyente. Quizás el propósito de la vida se concrete momento a momento. Si esperas hasta encontrar "lo más grande" antes de hacer algo, estarás adoptando la actitud de los años sesenta: "no puedo hacer nada hasta no encontrarme a mí misma". Cariño, la nada que das, que haces, eres tú misma.

—¡Sí, así es!

—Eso significa evitar la vida. La vida no es un cuadro completo y coordinado para ninguna persona. Más bien consiste en crear lo mejor que puedas, todos los días.

—Pero la mayor parte de las personas pasan su vida con un objetivo en la mente, o con una motivación en el espíritu.

—Yo creo que, en realidad, la gente pasa la vida tratando de ver cómo sobrevivir. ¿Un objetivo? Construye el Taj Mahal, dale esperanzas a alguien, aprende algo nuevo, que te entusiasme, y luego búscale un uso especial.

—Entonces, ¿tú crees que lo mío es cuestión de superar el miedo? ¿Sólo estoy dándole vueltas a la situación?

—¡No es poca cosa! Sibella, tienes que comprometerte con algo. No digo que tenga que ser el sueño de tu vida, o que debas ganar el premio Nobel. Pero tiene que ser algo que te dé más sentido de propiedad. El compromiso es el corazón de la búsqueda de uno mismo. En este momento no estás buscándote a ti misma sino rumiando los miedos acerca de los juicios negativos y los fracasos, y lo disfrazas como búsqueda de la "sabiduría esencial".

"Basta. Haz algo."

—¿Y abandono la oportunidad de descubrir o hacer algo distinto?

—Tesoro, en determinado momento, cada cosa que haces descarta otras elecciones. Pero al mismo tiempo existe la posibilidad de que vivas momentos de cierta hondura en tu vida, y le encuentres un significado. Mientras estoy aquí, no puedo montar en bicicleta: tengo que dejarlo de lado para dar lugar a una nueva posibilidad contigo, a estar en contacto con otro ser humano. Me decidí por eso.

—Sí, yo también. Gracias.

Espero haber ayudado a Sibella a comprender que la identidad llegará sólo haciendo algo especial, que luego puede transformarse en un todo. Cuando la identidad se obtiene de este modo, ese algo especial se vuelve secundario. Hornear pan puede ser tran grandioso como plantar flores, como hacer un "by-pass" cardíaco, como enseñar a un niño a leer.

La moraleja de esta historia consiste en no quedarse buscando lo más apropiado para hacer, aquello sobresaliente que nos convertiría en una persona especial. Lo que establece la diferencia con respecto a disfrutar de la vida y la satisfacción con uno mismo es el proceso de hacer, el compromiso de uno con algo.

Esa misma manera de pensar se aplica al miedo de vincularse con un hombre por temor a que el próximo podría ser mejor. No es la actitud de una persona dispuesta, deseosa de amar y de comprometerse. Es la de una mujer que espera encontrar la cura milagrosa que la haga sentir una persona valiosa, una mujer de verdad. En el presente, para muchas mujeres, sigue resultando un matrimonio y una maternidad que llega en un momento inoportuno, mal elegido y mal planeado.

La vía de escape de las mujeres:
el modo más rápido de arrinconarse a sí misma

Aunque siempre tuve conciencia de ser una mujer, nunca lo sentí con más intensidad que cuando estaba embarazada. ¡Imagínese: llevar vida en mi propio cuerpo, poder hacer, sustentar, alimentar una nueva vida! ¡Me parece increíble!

Bien, aunque hermosas, las cosas especiales como el matrimonio y la maternidad tienen su propio tiempo, lugar y propósito. El problema consiste en que muchas mujeres sólo pretenden ocultarse en el matrimonio y la maternidad.

Hace poco una paciente, una mujer de poco más de treinta años con tres hijos de edades entre los tres años y medio y los catorce, hablaba de su vida familiar infantil: ella y su hermana no habían sido deseadas, jamás fueron estimuladas a pensar en sus propias vidas y en sus sueños personales. Empleó una frase de notable agudeza: "Entonces, elegí la vía de escape de las mujeres: me casé y tuve hijos en cuanto salí de la escuela secundaria."

Y apenas pasados los treinta años, al fin se encontraba preparada para "enfrentar al mundo", pero constreñida por una familia que había formado demasiado pronto y por motivos equivocados.

Algunas mujeres tienen mejor fortuna. Se casan con hombres que no quieren cargar con el tipo de mujer que escapa a la creatividad.

Carol, de treinta y un años, que llamó desde Hollywood, era el prototipo de la desdicha. Fue tras la pareja desde Boston a Los Angeles, donde él se esforzaba por entrar en la industria musical. Pasados dos meses, Carol no tenía trabajo, ni automóvil, amigos, familia o dinero. Aborrecía la situación. Confesó que se había ido a vivir con el novio sin ningún compromiso previo de parte del joven, que no quería ni pensar en matrimonio o en formar una familia hasta no conseguir establecerse en la profesión. Carol se desesperó por haber fracasado, al presionarlo para que le diese acceso a la vía de escape femenina.

Cuando le dije a Carol que el novio tenía razón y que ella tendría que adoptar esa misma actitud, al principio las lágrimas, la pena y el miedo le impidieron escucharme.

Sólo pudo calmarse cuando le pregunté cuáles habían sido sus sueños. Al comienzo, negó haberlos tenido. Pero luego, entre lágrimas, confesó:

—Casarme y tener hijos.

Al preguntarle qué pensaba hacer entre tanto, respondió con suavidad:

—Nada, creo... nada.

Afirmó no haber tenido nunca sueños ni propósitos. Dudo de que fuese verdad, pero creo que estaba muy asustada.

Aconsejé a Carol que volviera a Boston e iniciara una carrera. Le dije que, así como estaba, sólo representaba una coma en la oración de la vida del novio mientras que para ella ¡él era el texto completo! Ese estigma de desequilibrio emocional es siempre una forma del desastre.

Cuando esté lista para cambiar, escuchará la llamada

Unos seis meses después de esa llamada, mientras grababa una intervención para la televisión, se me acercó un joven que trabajaba en el estudio.

—¡Usted es la doctora Laura! —Radiante, me estrechó la mano con entusiasmo.— Mi novia de Boston la llamó hace seis meses.

¡De inmediato recordé a la muchacha: se trataba de Carol!

—¿Sabe? —prosiguió—. Usted le dijo lo mismo que yo le decía. ¡Pero a usted la escuchó! Sentí un enorme alivio.

Admitió con absoluta candidez que aunque quería a Carol, se le había transformado en una carga.

—¡Yo intentaba abrirme camino y lo único que Carol deseaba era que me ocupase de ella!

—Imagino que le alegrará saber —continuó— que, en efecto, regresó a Boston y comenzó a estudiar. Quiero agradecérselo por los dos. ¡Uf! ¡Hurra!

El matrimonio y la maternidad son sólo para los adultos

Es verdad que los buenos hombres quieren a la mujer completa... y no a la que los recibe en la puerta de calle, envuelta en celofán (al menos, no todos los días), sino al ser humano equilibrado, consciente de sí mismo, que más que necesitarlo quiere un compañero, amante, amigo y padre para sus hijos.

Como me dijo un ex paciente varón: los hombres no tienen el privilegio de huir del miedo al fracaso, tienen que hacer algo (bueno, yo creo que pueden volverse vagos o "mantenidos"), en tanto que las mujeres pueden apoyarse en la biología y "fabricar" niños.

Si yo hubiese convertido a mi hijo en el único propósito de mi vida, sin duda lo habría destruido desde el punto de vista psicológico exigiéndole que colmara mis sueños o que fuese tan sobresaliente que satisficiera mis ansias de identidad por reflejo. Lo mismo puede decirse respecto del matrimonio, que es para mí una alegría y un apoyo y no una obsesión o la expresión de una necesidad neurótica.

No supermujer... sino sencillamente una mujer superior

Su tarea como mujer, como persona, es llegar a realizarse tanto como sea posible soñando, tratando de alcanzar una meta y comprometiéndose con cosas fuera de usted misma. Al hacerlo, adquirirá un papel más activo en la calidad de su propia vida y, de ese modo, los demás, amigos, esposos, hijos, compartirán ese crecimiento en lugar de ser responsables por él. Se sentirá estupenda. Y por primera vez, será verdaderamente mujer, más que una niñita o una jovencita desvalida.

Cuando funciona, es maravilloso

Me reanima saber que muchas de vosotras comprendisteis el mensaje. Estoy muy orgullosa de esta carta, que recibí como consecuencia de una conversación telefónica:

Doctora Laura:
Hace un año y medio usted me ayudó a comprender lo que yo ya sabía, y entonces rompí una mala relación con un hombre.

También acudí a un terapeuta que me ayudó a elegir mejor. En este momento, salgo con un hombre bondadoso, generoso, bueno (hace más de un año) y sostenemos una verdadera relación. Una relación completa de intercambio y compromiso, necesarios para una amistad sólida y que representa una buena base para el futuro. ¡Muchas gracias!

También estoy llevando adelante mi carrera y tomando decisiones para el futuro, que no se apoyan en "lo que él está haciendo".

Suya, Kitty.

Las cartas como esta son las que me hacen comprender no sólo cuánto me gusta lo que hago sino además cuántas mujeres están dispuestas a cambiar. ¡Sólo necesitan un empujón para comenzar!

El coraje personal da la libertad de elegir

Para resumir. Cuando decide perseguir objetivos tales como la valentía personal como parte de la identidad femenina, ya no dice: "Sé que él miente (hace trampas, roba, o cualquier otra cosa)... pero yo ya tengo treinta y nueve años. ¿Y si no encuentro otro hombre?"

O bien: "Sé que nos maltrata a los niños y a mí. Pero me da mucho miedo estar sola."

O: "Ya sé que tendría que abandonarlo (o a cualquier conducta compulsiva), pero me siento demasiado inquieta y no me gusta esa sensación. Por lo tanto, desisto."

O cualquiera de las diferentes trampas en que caen las mujeres por falta de reconocimiento y ejercitación de su propia resistencia. Los capítulos que siguen abordarán esas trampas.

Leed y aprended, pues..., y disponeos al desafío.

2

Noviazgo tonto

"AL FIN ENCONTRE A ALGUIEN AL QUE UNIRME",
Y OTRAS IDEAS NECIAS ACERCA DE LOS ROMANCES

Los problemas que me presentan los que llaman al programa de radio pueden entristecerme, frustrarme y hasta inquietarme. Pero después de unos quince años de experiencia en el aire y en mi consulta privada, es difícil que me sorprendan.

Al comienzo, no me sorprendió esa llamada en particular, un sábado por la noche... pero después...

El es un verdadero asno, pero,
¿por qué no me llamó?

Cristina se presentó como una joven fuerte, positiva y segura, que describió su "primera cita en el infierno", como si las dos fuésemos amigas íntimas, con un jocoso: "ni te imaginas lo que sucedió después".

Me contó que había ido a una fiesta con una amiga, y comenzó a conversar con un joven en particular, y éste le sugirió enseguida que fuesen a otro sitio. Cristina aceptó , dejó sola a la amiga (¡sólo este comportamiento merecería un capítulo aparte!), y fue con el nuevo acompañante a un café de esos que está abierto toda la noche.

Su relato del resto de la velada me sonó como partes de una comedia acerca de la primera cita o cita a ciegas. El hombre fumó sin pedirle permiso o preguntarle siquiera si le molestaba. En efecto, a Cristina le molestaba y así se lo dijo. Sin consultarla o averiguar si tenía hambre, pidió café para los dos. No sólo habló de sí mismo durante toda la noche sino que también desplegó toda suerte de tretas vulgares, y la joven deseó que se la tragase la tierra. Después, le espetó un discurso acerca del profundo significado de la astrología como filosofía de vida. En ningún momento le preguntó algo importante acerca de la vida de Cristina.

Mientras Cristina relataba la velada, las dos bromeábamos acerca de lo narcisista y aburrida que resultó ser la conquista. En ese momento, yo pensaba que había llamado para demostrar lo difícil que era encontrar a un buen hombre o, quizá, para consultar cómo deshacerse de un individuo tan grosero y egocéntrico sin ofenderlo ni criticarlo, pues las mujeres tendemos a preocuparnos demasiado por ser agradables.

Pero estaba equivocada. Muy equivocada.

Pues cuando le pregunté el motivo de la llamada, el tono cambió de manera dramática: de ser una joven positiva y segura, pasó a parecer una muchachita abatida y decepcionada.

—Me pregunto —confesó— si acaso no tendría que haberle dicho nada acerca del cigarrillo. Desde esa noche, no volvió a llamarme. Me pidió mi número telefónico, pero no me llamó. Sé dónde trabaja. ¿No tendría que llamarle yo?

¿Acaso estaba bromeando?

¡No lo creo!

Las citas deberían ser para elegir, no para ser elegida

En el juego de las citas amorosas, muchas mujeres, como Cristina, se comportan como mendigas en lugar de darse la oportunidad de elegir. Para ellas, las citas representan la esperanza de ser elegidas más que la ocasión para elegir. Por ejemplo:

Annette, de veinticuatro años, de Los Angeles, llamó para quejarse de su tendencia a elegir "al tipo equivocado de hombre", que en la actualidad es un joven menor que ella, de veintiuno. "¿No te parece horrible?", pregunta, y cuando le pido que explique qué es lo horrible responde que es por completo "inapropiado". "No se trata de mi edad", explica. "Se trata de mi situación social. Tengo un hijo de siete años, que me hace parecer mucho mayor en relación con mi edad real." Admití que tenía razón y nos abocamos al problema.

Si se deja llevar, la arrastrará la corriente

Lo que le dije a Annette se puede aplicar a muchas de vosotras. Las mujeres solemos entusiasmarnos en exceso por el enorme alivio que significa comprender que alguien (léase cualquiera) se interesa por nosotras, porque nos sentimos solas, o enamoradizas, y nos gustaría hacer algo al respecto. Y entonces, nos dejamos llevar por la corriente pero en realidad no ejercemos nuestra capacidad de elegir. ¿Nota la diferencia fundamental? Aceptar lo que tenemos a mano no significa elegir.

Señalo a Annette esta diferenciación básica, subrayando que lo que necesita es reflexionar acerca de sus necesidades verdaderas en este momento particular de la vida. Si, como me parece a mí, siente inclinación hacia la familia y a dedicar sus energías al hijo en lugar de dedicarlas a la vida social, tiene que estar preparada para sobrellevar las épocas duras que todos pasamos cuando nos sentimos solos.

Superar los momentos difíciles

¿Cómo sobrellevamos las épocas duras? Creyendo en nosotras mismas y estando atareadas, desarrollándonos para poder soportar la inquietud entre el presente y el siguiente triunfo. Como ya dije, no existe éxito sin dolor... tanto desde el punto de vista emocional como para hacer gimnasia. ¿Por qué no soportar la soledad y emerger de ella siendo una persona más fuerte? ¿Por qué no llenar la mente y el corazón en lugar de utilizar la relación con un hombre como un sustituto de esa plenitud genuina?

¡Basta de cuentos de hadas!

Gracias a Dios, ninguna de nosotras es la Cenicienta... que es el ejemplo más acabado de la mujer que espera que llegue un hombre y le resuelva la vida. Es triste que las mujeres creamos en esos cuentos de hadas y luego terminemos aplastadas cuando descubrimos que no existen en la vida real. En el mundo real, tenemos que preocuparnos por nuestro crecimiento personal. Entonces, estaremos en condiciones de tolerar la espera hasta encontrar al hombre que sea especial y, en palabras de Annette, "apropiado".

Evitemos el camino de los perdedores

¿Cuáles son los indicios que le permiten saber que está en el camino de los perdedores, con el hombre "inapropiado"? El alivio de no seguir estando sola, la gratitud de que la hayan elegido, y el pánico cuando no lo tiene cerca. Son sentimientos difíciles de aceptar porque nos vuelven conscientes de todos los miedos a la vida, a ser adultas, a la responsabilidad y la autonomía. Sin embargo, estos miedos son normales y naturales. Durante el curso de la vida, todos los hemos experimentado en alguna medida. Pero recuerde que la calidad, la satisfacción y el significado que otorgue a su vida depende del modo en que enfrente esos temores. Utilizar una relación insatisfactoria para encubrir esos miedos es una forma segura para disminuir la valía personal.

Esa manera de pensar fue resumida por mi paciente, que acuñó la frase "la vía de escape femenina" que, como ya dije, es un medio aceptado por la sociedad para eludir la transformación en un individuo... a través de un vínculo.

Puede escapar de sí misma
pero no puede esconderse

Cuando me llamó Kristin, de veintidós años, era el vivo retrato del pánico, aterrada porque suponía haber cometido un error irreversible con el que era su novio desde hacía cuatro años. El problema comenzó cuando el muchacho, al que llamó "mi mejor amigo", le anunció que se iba de viaje con un grupo de amigos varones en las vacaciones de primavera, dejándola en la estacada... o al menos así lo consideraba Kristin.

En consecuencia, mientras Kristin y el novio cenaban en la casa del mejor amigo de él, con los otros jóvenes que formaban el grupo de excursión, la muchacha bebió demasiado y, en sus propias palabras, "me comporté como una tonta". En esencia, lo que estaba expresando en términos inequívocos era que si su pareja no podía incluirla en todo cuanto hacía, ella quería terminar la relación. "Y es verdad", dijo. "Pero entretanto, mire lo que hice. Me sentí muy avergonzada, y mi novio estaba llorando. Armé un gran escándalo y ahora no sé cómo remediarlo."

Depender de un hombre no es intimidad

Primero sugerí a Kristin que se calmara y luego le expliqué que todos perdemos en alguna ocasión. Lo importante es comprender por qué. Y me parece que la explosión de Kristin indicaba que estaba tomando la vía de escape de las mujeres al insistir en depender de su hombre. Esperar que un novio nos suministre una vida es poco real y, en verdad, injusto, sencillamente porque su responsabilidad no consiste en eso. Los hombres están para compartir nuestras vidas, no para vivirlas. No se trata de tener demasiadas expectativas: se trata de tener demasiadas pocas hacia nosotras mismas.

Vencer el temor a la vida real

Lo que recomendé a Kristin, lo que recomiendo a todas las mujeres, es que haga algo como estudiar o realizar algún trabajo comunitario, que le haga sentir que su vida tiene un propósito fuera de sí misma. Al hacerlo, descubrirá que la vida no la atemoriza tanto pues está entusiasmada haciendo su propio lugar en ella. ¿Acaso no es preferible a ser tan dependiente que la mera idea de la soledad le colme de miedo el corazón?

Sugerí a Kristin que un buen modo de comenzar a transformarse en una persona era llamar al novio, comentarle que estaba tan afligida por el incidente que había decidido consultarme y que estaba intentando comprender más a fondo su propia autonomía, y luego añadir una disculpa y desearle con toda sinceridad que disfrutara de las vacaciones.

Kristin fue afortunada al tener que enfrentar la cuestión de la dependencia a los veintidós años, en lugar de hacerlo a los cuarenta y siete. De hecho, estaba a punto de cometer un error en el momento en que tenía tantos años por delante para reflexionar sobre sus sentimientos, sus deseos y el lugar que quería forjarse en el mundo.

El temor a lo desconocido está en el comienzo de todas las cosas importantes

Imaginaos a la gente que iba al oeste en carretas. Estaban asustados. No tenían ni idea de lo que encontrarían allí. Imaginaos a los primeros astronautas que pusieron el pie en la luna. Tal vez esos pioneros fuesen unos héroes, pero os aseguro que deben de haber sentido su cuota de temor a lo desconocido. Sólo que ese temor no les impidió actuar. Repito, todos los cambios asustan, pero son el único camino hacia el progreso. Quizás ayude imaginarlos como el miedo de los actores al escenario, mientras nos preparamos a desarrollar una actuación digna del Oscar como nosotras mismas.

Esperar lo imposible es un juego donde no se puede ganar

Si desecha mi punto de vista porque lo considera lleno de suposiciones, o como un proyecto o tendencia personal, lo entiendo. Después de todo, es inquietante considerar la posibilidad de que la mayoría de las mujeres se vuelven hacia los hombres y a las relaciones no porque hagan elecciones sensatas. Más bien, se diría que las mujeres se vinculan con los hombres para procurarse una identidad, afirmación, aprobación, propósitos, seguridad... todos valores que sólo pueden provenir de ellas mismas. Y cuando llega la inevitable decepción, tales mujeres se quejan con amargura de que los hombres les fallaron porque no las apoyan del modo que ellas querrían que lo hiciesen.

¡No se atreva a atender ese teléfono!

Mi conversación con Stephanie, de veinte años, confirmó este aserto con toda claridad. Manifestó de inmediato su miedo a la soledad que definió como estar sin pareja. Le pedí que precisara qué temía que le sucediera si no estaba con un hombre.

Stephanie: —No lo sé... pero hace años que me ocurre. Al parecer, siempre sobrevaloro mis relaciones... es como si en realidad no me conociera a mí misma. Y supongo que tal vez mi identidad se concrete a través de esos chicos con los que salgo.

Dra. Laura: —De modo que eres como un juguete. Si alguien te toca, te animas. Si te dejan en el suelo y se van de la habitación, te conviertes en un objeto inanimado. No me extraña que siempre te afanes por tener cerca a algún hombre, como una especie de batería: literalmente, te dan la vida.

—Sí, y también seguridad.

—¿Ah, sí? ¿Qué clase de seguridad? Has saltado de hombre en hombre... ¿acaso eso es seguro? Cariño, a eso se le llama "ilusión".

—Pero yo no quiero comportarme así... quisiera cuidar de mí misma por un tiempo.

—"Cuidar de mí misma", me gusta eso... está bien expresado.

—Soy capaz de decirlo, pero hacerlo... Me parece que en cuanto termino una relación...

—¿Vuelves de inmediato a la "patrulla de vigilancia de los muchachos"?

—Intento detenerme...

—Es igual de difícil que decir que no a un trozo de pastel de queso, ¿verdad? ¿Cómo vas a decirle que no? La tortura de estar a solas contigo misma, despojada por completo de la noción de tu propia importancia o de alegría te hace desear resoplar, convertirte en francotiradora, o devorar a un hombre... porque se trata de eso, ¿no es cierto?: es como una droga.

—Sí. Necesito de toda mi energía para no levantar el auricular del teléfono y llamar a algún amigo.

—Y ese es el instante en que no tienes que hacerlo. ¿Sabes de qué proviene la autoestima? De superar ese momento doloroso y de no realizar la llamada. No de seducir a otro hombre sino de sufrir ese dolor y superarlo. Stephanie, tú tienes el valor necesario... ¡sólo que estabas demasiado asustada para comprobarlo!

Cinco cosas útiles a las que recurrir cuando está tentada de hacer algo que no debe

Lo que necesitaba Stephanie era un plan para combatir esa "noche negra del alma". Necesitaba decirse: "Cuando esté asustada, ya sea que el miedo se exprese en forma de aburrimiento, soledad, de sentirme perdida, o como si mi vida no tuviese rumbo ni significado, sacaré mi lista de cinco cosas buenas para hacer, y elegiré una o más." Eso permitirá a las mujeres superar el espantoso momento en que se ven atacadas por los miedos y las dudas... y evitará "que coman el trozo de pastel".

Una de las cinco cosas puede ser llamar a una amiga que conozca y comprenda nuestra situación, alguien que pueda darnos "el primer no". También se puede tomar un baño, dar un paseo, beber una taza de té caliente... cualquier cosa que ponga como barrera nuestro tiempo y energías ante el "impulso a actuar" y la decisión auténtica de entrar en acción. Por lo general, si se antepone un comportamiento que requiera cierta concentración, el dolor se supera y pasamos a un nuevo plano de nuestra existencia.

Transformar a un hombre en el juez y el jurado de nuestra valía personal

Las mujeres no sólo utilizan a los hombres como un escondite de las dificultades y las angustias de convertirse en un ser humano autónomo, como hemos visto hasta ahora. A menudo se les impone la tarea de ser nuestro suministro de afirmación, de aprobación para la joven que sufre las dudas propias del desarrollo e incluso para reparar la autoestima dañada.

Si logra retenerlo, significa que está aprobada. Si la abandona, usted no sirve. Atribuir semejantes poderes divinos a una persona que encontró por casualidad, al azar de la vida, para decirlo en una sola palabra, es necio. Y recuerda que esa clase de estupidez no tiene nada que ver con el cociente intelectual: es una verdad universal que las mujeres más inteligentes cometen las mayores tonterías.

¿Y si cometo un error y lo estropeo?

Emily, una muchacha de veinte años, estudiante que cursa la carrera de educación infantil, afirmaba sentirse muy feliz en su relación que ya llevaba diez meses de duración con un hombre de veintisiete años. Sin embargo, cuando me llamó estaba llorando. Al preguntarle cuál era su problema, confesó que estaba aterrada de cometer algún error y estropear la relación.

Le pregunté si también tenía miedo de que él pudiese equivocarse y estropear la pareja y lo negó con énfasis; mas al insistir, terminó admitiendo que era posible que el novio consiguiera empleo en otro estado y se marchara. En tono quejumbroso, dijo: "Tal vez piense que no valgo la pena, que soy demasiado joven, que no soy lo bastante madura para afrontarlo." Admití que podía tener algo de razón, pero le sugerí que lo que en verdad temía era mostrar quién era ella en realidad.

La parte inteligente

Antes de que pasara mucho tiempo, Emily confesó sus temores de no ser bastante inteligente para llegar a convertirse en maestra de preescolar. Afirmó ser trabajadora y perseverante en su carrera; lo que ponía de manifiesto la preocupación de Emily era su parte inteligente. "La gente no confía en mí", insistió, y al pedirle un ejemplo concreto respondió de inmediato: "Mi familia."

Dra. Laura: —¿Qué miembro de tu familia?

Emily: —Mi madre.

—¿Cómo lo sabes?

Emily respondió llorando: —...Ohhh, nunca había hablado de esto con nadie... cuando comencé la carrera me dijo: "No la terminarás"...

—Continúa, ¿qué más te dijo?

Emily prosiguió, llorando: —Que era como mis hermanas: poco confiable, irresponsable... ¡pero no lo soy! Nada de lo que diga o haga... Discúlpeme, tengo que tranquilizarme.

—Yo creo que tú no eres como asegura tu madre. ¿Por qué crees que dice esas cosas?

—Es capaz de decir cosas espantosas.

—¿Tu madre ha logrado algo en la vida?

—No.

—Ah. ¿Y cómo crees que se relaciona eso con esa tendencia a destrozar a los demás?

—Creo que me tiene envidia. En ocasiones, me lo dijo. Por ejemplo, cuando salgo con amigos: "¿Por qué tendría que dejarte salir si yo no pude hacerlo cuando tenía tu edad?" Y yo le replico: "Mamá, esta época es diferente..."

—No tiene ninguna importancia. Lo primero que tienes que saber es que tu madre necesita ayuda con urgencia.

—Sí, es cierto.

—Bien, tal vez lo sepas pero niegas lo que sabes con la razón a través de lo que sientes... y a menudo te sientes como dice tu madre. A fin de cuentas, es tu madre... pero en realidad eres una joven con las inseguridades propias de tu edad.

Saber no siempre significa creer

A estas alturas, le expliqué a Emily la naturaleza profunda del conflicto. En su mente, sabía que la madre estaba celosa, que era un tanto retorcida, hasta cruel y sin embargo, con frecuencia sentía que la madre tenía razón. Como se trataba de la madre, se suponía que, por definición, era quien mejor la conocía. Sin embargo, todos tenemos períodos normales en que dudamos de nosotros mismos. En resumen, nos encontrábamos ante una muchacha herida y asustada; su mayor temor consistía en que el novio reaccionara como lo había hecho su propia madre. Acribillada por las dudas y la dependencia, corre el riesgo de convertirse en una carga para el hombre... a menos que supere esos conflictos emocionales por medio de una terapia.

Transformar a los hombres en soluciones-apósito

Todos cargamos con un equipaje emocional y tenemos nuestra propia idiosincrasia... así es la vida. No obstante, el hecho de que las mujeres esperen que los hombres se conviertan en la curación de sus heridas es negarse la posibilidad de establecer una relación de confianza entre dos personas. Antes de poder hacer una elección saludable y funcionar en la pareja como un miembro sano de la misma, las mujeres tienen que trabajar duro.

En ocasiones, pienso que casarse antes de los treinta años es un crimen. ¿Por qué? Porque si así lo hacen, las mujeres se ven obligadas a gastar un tiempo que necesitan para conocerse y confiar en sí mismas. Y en consecuencia, tener pareja se vuelve una necesidad de vida o muerte. Por lo general, las decisiones que se toman en un estado de desesperación hacen perder terreno más que ganarlo.

Elegir o perder

No es necesario que sea usted una feminista fanática para convencerse de que las mujeres podemos elegir. Pero yo no creo que esto suceda con suficiente frecuencia. Al escribir este libro, uno de mis objetivos, en el que nunca insistiré lo bastante, es demostrar que las mujeres se quedan con los hombres por "descarte", y utilizan el "yo le amo" como el gran liberador del crecimiento personal y la responsabilidad. Por otra parte, este comportamiento no es justo hacia el hombre que va a aceptarla.

No caiga en la "trampa de la víctima"

Quizás el tema más familiar acerca del cual escriben las mujeres y acerca del cual se escribe en los medios masivos de comunicación sea el de la "victimización", donde se abusa de historias de personas disfuncionales, de alcohólicos, y esto lleva a las mujeres a sentirse apoyadas y dedicar un tiempo infinito a "recuperarse" de pasados terribles. Confieso que disiento con este enfoque.

Cada ser humano tiene un pasado y los traumas y las traiciones son reales. Cada individuo reacciona a esas realidades de un modo único y particular. No somos simples fórmulas de causa y efecto. En última instancia, la calidad de nuestras vidas depende del coraje que desplegamos para enfrentar las heridas y el riesgo de un modo creativo. Ese es el camino hacia una autoestima en constante crecimiento.

Y esos desafíos se presentan a cualquier edad.

¿Es posible que las "campanas de boda" sean un aviso?

Stacy, de veintiún años, y su novio de treinta y uno, se comprometieron cinco meses después de conocerse. La relación marchó maravillosamente hasta el compromiso pero, después, Stacy comenzó a notar un cambio de comportamiento en su Príncipe Encantado. Se había vuelto en exceso celoso, autoritario y posesivo. Stacy no lo soportó, pero todavía no estaba segura de haber hecho lo correcto al abandonarlo.

Le dije que estaba haciendo lo correcto, a menos que quisiera vivir para siempre con alguien celoso, autoritario y posesivo. Entonces, saqué a relucir mi teoría con respecto a los primeros dieciocho meses de una relación.

Establezcamos un período de espera
antes del matrimonio

Estoy convencida de que se debe salir con la pareja durante un año y medio antes de considerar siquiera el compromiso. Ese es el tiempo necesario para conocer a otra persona. Stacy se había comprometido demasiado pronto, antes de alcanzar ese conocimiento. Cuando una se compromete de prisa, tiene la sortija y le anuncia al mundo que se casarás, comienza a ver en el novio cosas que le resultan inaceptables, y en esa situación resulta embarazoso hacer lo que sabe que tienes que hacer: cortar la relación, a cualquier precio.

Enfrentar la realidad: la clave del crecimiento

Stacy se apresuró a admitir que ella no quería comprometerse pero que el novio había insistido. Y a los diecinueve años, viviendo en un país libre, se encontraba sometida a los deseos de un bravucón inseguro que, sin duda, eligió a una persona más joven para poder mandar a alguien más débil que él.

Tiene que aprender a confiar en sí misma

Le advertí a Stacy que las probabilidades de que el novio cambiara eran escasas o nulas, como sin duda ya habría descubierto, y que lo tenía que hacer, lo que en realidad deseaba era juntar valor, quitarse la sortija del dedo, devolvérsela y decirle: "Me controlas demasiado. Primero quisiera desarrollar mi propia vida. Yo no puedo hacerme cargo de tus inseguridades y de tus temores."

Lo que me resultaba claro, y esperaba que también lo fuese para Stacy, es que ella sabía lo que quería antes de llamarme. En sus propias palabras, sólo "necesitaba oírselo decir a otro". Para ser sincera, lo que en realidad necesita es aprender a confiar en sí misma, escucharse a sí misma y aceptar que ese es el modo de actuar, de seguir adelante. Eso forma parte de convertirse en un adulto.

El punto de vista masculino
en el juego de las citas amorosas

Y ahora, mujeres, tomémonos un momento para examinar el romance desde el punto de vista de los hombres. ¿Acaso pensáis que los hombres son tan imbéciles en el aspecto emocional que no reconocen la diferencia entre la mujer que en verdad les quiere y la que necesita con desesperación un vínculo? ¡Pues no lo son! Y algunos de estos hombres, como el novio de Stacy, lo utilizan para lidiar con su propia inseguridad. Con demasiada frecuencia este tipo de situación puede acarrear maltrato a medida que aumenta la presión del control en la relación... quizás, en respuesta a la madurez y el desarrollo crecientes de la mujer que se expresa en su deseo de separarse.

También los hombres
pueden sentirse como un objeto

No olvidemos que muchos hombres perciben la desesperación con que los buscamos y no se sienten queridos por sí mismos sino más bien usados.

Tony, de veintinueve años, salía con una mujer desde hacía un año. Estaba en terapia para poder enfrentar sus propios problemas con respecto a la intimidad, pero se sentía cada vez más inquieto por la conducta de su novia. Esta lo miraba con ojos de carnero degollado y ensalzaba lo perfecto de la relación aunque no era correspondida en un nivel siquiera aproximado. A pesar de esta increíble devoción, la joven nunca parecía interesarse por lo que Tony pensaba o sentía. Tony aventuró que tal vez no quisiera enfrentar una verdad que se interpusiera ante su fantasía.

Tony: —No lo comprendo. Le pregunto: "¿Cómo es posible que quieras estar con alguien que no te retribuye lo que tú das?" Y al final de la conversación, ella me responde: "Mira, estoy cansada de ser la mujer sufrida..."

Dra. Laura: —Bien, me alegro de que esté cansada.

—Ella dijo eso y estuvo bien. Sin embargo, sigue llamándome y sufriendo y dice que no entiende por qué sufre tanto si no ha hecho nada para merecerlo, y cosas por el estilo. Como la otra noche: acababa de mudarse a un apartamento nuevo, estaba lloviendo y... ya se sabe, esa vieja historia de ruidos que se oyen de noche. De modo que me llamó muy tarde, realmente aterrada.

—Es evidente que está tratando de hacerte sentir responsable y de mantenerte pegado a ella. Y, según como la describes, no parece desear una relación íntima contigo. Más bien quiere una "Relación", con mayúsculas. Pero no puede lograrlo diciéndote que es perfecta, ni llamándote de noche porque está asustada, pues en realidad no está aprendiendo nada acerca de ti: no le interesa conocer tus pensamientos, sentimientos, necesidades. Sólo te considera un hombre en general, un novio. ¿Es así?

—Totalmente.

No hay nada como una verdadera relación

Es innegable la enorme gratificación para el ego que significa agradarle a alguien. Es placentero pasarlo bien con otra persona. Es tranquilizador estar con una persona que comparta nuestros puntos de vista. La afirmación, la aprobación y el apego son aspectos maravillosos y benéficos de una relación. Y si todos esos sentimientos van juntos, es estupendo. Son algunos de los muchos beneficios que se obtienen al vincularse con otras personas.

Si estás desesperada por obtener afirmación, aprobación y afecto, si agradece el haber sido elegida, entonces no es usted demasiado selectiva; si acepta en lugar de escoger es muy probable que tenga citas tontas. Piénselo: ¿acaso la clase de hombre que en verdad desea aceptaría a una chica que se comporta como usted? No.

El 7 de enero de 1993 me llamó Suzanne, de treinta años, diciendo que dudaba de seguir saliendo con su novio de treinta y dos años a quien conocía desde hacía tres meses. Según me contó, cuando la madre del novio iba a la ciudad se quedaba en casa del hijo. Pero había más. Dormía en la misma cama.

—Mi novio dice que no "hacen" nada —se quejó—. Y yo le pregunté por qué la madre no dormía en otra cama. Me respondió que yo era demasiado conservadora. ¿Qué opinas? No sé si tengo que seguir saliendo con él. ¿Crees que estoy exagerando?

¿Acaso necesito agregar algo más?

3

Devoción errónea

"PERO YO LE AMO",
Y OTRAS TONTERIAS ROMANTICAS

No imagináis lo irritante que resulta escuchar una y otra
vez: "Yo le amo", como justificación por elegir a un hombre
inadecuado. Estas mujeres no pueden enfrentar el hecho de que
están paralizadas y en una situación de autoderrota, y toleran
agradecidas actitudes y conductas que ningún hombre soportaría
más de cinco segundos. Esta clase de mujer define el amor de un
modo absurdo y esta definición, con amplio apoyo por parte de la
cultura popular, se ha convertido en sinónimo de apego.

El que dijo que la sumisión era romántica
tenía un grave problema

Echemos un breve vistazo a los modelos ofrecidos por la
cultura popular en lo que se refiere a las mujeres enamoradas,
personificadas en los cuentos de hadas que nuestros niños conocen de memoria.

Ariel, la sirenita, aspira a "cosas grandes" y termina con
un príncipe necio, capaz de "amar a cualquiera que tuviese esa

voz", y al que no le importaba que Ariel fuese maravillosa. Por él, la sirenita abandona su propio mundo, su familia, su cuerpo de pez.

Belle, de *La bella y la bestia*, también aspira a "grandes cosas", y termina con un príncipe malvado (oh, quizá cambie) que al comienzo se esfuerza en ser gentil con ella sólo para que rompa el hechizo. Claro, él se libra del encantamiento, pero, ¿acaso un príncipe en las mismas condiciones hubiese prestado atención a una bruja? No lo creo. Por su causa, Belle abandonó sus planes y su sueño de viajar por el mundo.

Yo me hubiese sentido más contenta si Belle hubiese participado en la transformación espiritual del príncipe, le hubiera palmeado la cabeza y le dijese: "Mira: esta será mi dirección cuando vaya a la universidad."

En *Aladino*, la princesa también abandona sus sueños de recorrer el mundo cuando el mendigo transformado en príncipe la lleva a volar en la alfombra mágica. El la llevará a recorrer el mundo... pero, por supuesto, no tiene la menor importancia que él mismo todavía no lo conozca.

Si cree que estos "cuentos de hadas" no se aplican a la realidad presente, ¡piénselo! Recuerde que millones de niñas y niños que conocen estas historias creerán al crecer en estas tonterías románticas que más adelante podrían transformarse en pesadillas.

Los sueños pueden ser peligrosos

Ya que estamos en el tema de los sueños, quisiera señalar la diferencia básica que existe entre querer de verdad a una persona y querer desesperadamente un sueño. Al darle más importancia al sueño, al depender tanto de un vínculo, las mujeres establecemos compromisos capaces de destruir esos sueños. Veamos la historia de Lisa:

¡Vamos, conquístame, convénceme, demuéstrame que me amas!

Lisa aseguró que en la actualidad "me encuentro en un dilema", lo cual resultó un pálido reflejo de la realidad. Hacía un año y medio que salía con un hombre (el período de espera mínimo que recomiendo antes del matrimonio), y él acababa de proponerle matrimonio. Como se había tomado tiempo suficiente, le dijo que no pues él tenía muchos problemas, incluyendo el abuso de drogas y el maltrato.

Aunque Lisa aseguraba que el novio intentaba domar su propio temperamento, y hacía tres meses que no la maltrataba, de todos modos estaba preocupada porque el último maltrato había ocurrido cuando ella trató de cortar la relación.

Dra. Laura: —Lisa, ¿qué demonios haces con ese hombre?

Lisa: —No lo sé. En verdad traté de cortar... pero no puedo deshacerme de él. No atiendo sus llamadas telefónicas ni lo recibo cuando viene a visitarme, pero sigue insistiendo y amenaza con tirar la puerta abajo.

—Entonces, llama a la policía.

—No me atrevo.

—"¡No me atrevo!" Lisa, lo que hace ese hombre va contra la ley. ¡Irrumpir en una casa, entrar, merodear, son delitos!

—Pero en ocasiones él es...

—¡En ocasiones... nada, Lisa! Por un momento, te pareceré muy dura. No puedes darte el lujo de ser una mujer llorosa, compasiva, asustada, porque estás arriesgando tu seguridad física. Tienes que adoptar las medidas necesarias para protegerte y hacerle saber que no estás jugando ese juego dramático de: "¡Ven, convénceme, demuéstrame que me amas aunque yo diga que no!" ¿Te sientes capaz de hacerlo?

—Ssssí...

—Tienes que convencerle de que cuando dices "¡Vete!", lo dices en serio, aunque de tanto en tanto él sea agradable. A pesar de que se ponga de rodillas y jure que cambiará. No creo que un abusador, adicto a las drogas sea un buen padre para tus futuros hijos. ¿No te parece?

—Claro... pero, ¿es natural que todavía sienta que le amo?

—Quizá lo que añores sea tu sueño, esos momentos en que fue agradable. Por desgracia, una relación no es cuestión de momentos, es una totalidad. Lo que tienes que hacer es mantenerte firme y no recordar ningún "momento". Tienes que decirte: "Por encima de todo, es una mala elección", ¡y al demonio con ella!

—De acuerdo, gracias.

¡Basta de ser complacientes!

Aunque Lisa entiende con claridad que su hombre tiene serios conflictos, sigue sintiendo algo por él. Entonces, ¿qué es lo que está en juego? Es muy complicado pero trataré de realizar una explicación parcial.

Todos conocemos la frase: "un rostro que sólo una madre puede amar". En esta frase se oculta una de las claves para resolver el misterio. No puedo precisar qué combinación hay aquí de naturaleza femenina y de inclinación hacia la maternidad alimentadora pero, al parecer, las mujeres son capaces (y están muy dispuestas) a encontrar en los hombres cualidades redentoras. Con semejante actitud mental están expuestas a ser exageradamente tolerantes en relación con los rasgos negativos a cambio de lo que sólo puede brindarles instantes de felicidad o de paz.

El odioso doble criterio

Recuerdo la columna de Ann Landers, en la que una mujer se quejaba de lo difícil que era para "una dama de más de treinta y cinco años" encontrar a "un buen tipo". "Me parece fascinante", escribía la columnista, "que las mujeres pasen por alto cabezas calvas, barrigas hinchadas de cerveza, camisas escocesas y corbatas de lunares y los hombres, en cambio, me lleven a un lado y me susurren al oído: 'Ella no está mal, pero tiene los muslos un poco gruesos.'"

Piense en esos anuncios de cerveza en que los hombres tienen un aspecto ordinario pero las mujeres con quien sueñan tienen que ser, por lo menos, modelos en traje de baño, dignas de la portada de una revista. ¿Acaso no se espera de nosotras, como mujeres "normales", no sólo que estemos satisfechas con semejantes tontos sino que además nos sintamos agradecidas porque se dignen prestarnos atención?

Seleccione, no acepte

Por desgracia, la disposición de las mujeres a aceptar los defectos masculinos no se detiene en el desaliño. Incluye, por ejemplo, problemas con las drogas y el alcohol, malos tratos, inmadurez, irresponsabilidad... y más.

Mucho, mucho más.

Y todo para cumplir con versiones fantasiosas del amor, el compromiso, la seguridad, el afecto, la identidad y el objetivo.

¿Por qué acepta? ¿Por qué no es más selectiva? ¿Por qué no es más crítica?

¿Por qué lo llama amor?

¡Porque no cree en sí misma!

Y cuando no cree en sí misma está expuesta a creer cualquier cuento.

¿Por qué las mujeres toleran a los patanes que les llevan malas noticias?

Hacía seis meses que Suzanne salía con un hombre cuando él le comunicó que volvía a vivir con la ex esposa... por unos tres meses, por motivos financieros. Para añadir el insulto a la herida, Suzanne luego descubrió que el sujeto aún estaba casado con aquella mujer, pese a que estaban separados desde hacía siete años y tenían un hijo de siete años de edad.

Al conocer a la esposa, Suzanne comprendió que el "divorcio" era sólo la punta de un iceberg de mentiras: mientras duró el romance, durante el cual el individuo incluso le habló de casarse, había estado durmiendo con la esposa. Según lo que esta última sabía, no había ninguna razón financiera que obligase a ese supuesto período de tres meses: se trataba sencillamente de que volvían a vivir juntos. Cuando Suzanne enfrentó al canalla, el sujeto no sólo negó todo sino que la hizo sentir como si ella fuese la que tenía problemas. Después de todo eso, Suzanne pronunció esta sorprendente afirmación:

"Pero yo... yo en verdad... aún le amo"

Cuando le insinué a Suzanne que tal vez se encontrara frente a un sociópata, un maestro en el arte de manipular a mujeres y hacerlas dudar de sí mismas, con propensión a sentirse culpables, no lo negó. Me dijo que el hombre había estado en A.A. (Alcohólicos Anónimos) durante un año, y pareció interesada cuando le repliqué: "¿Y? Suzanne, no me importa dónde haya estado ni por cuánto tiempo. Para medir el calibre de ese sujeto tienes que fijarte en lo que hace cuando no está en las reuniones de A. A." Yo protesté al oírle confesar que sabía que el hombre había engañado a la esposa por lo menos con otras cinco mujeres, y me dijo: "Ya me lo habían dicho, pero creo que necesitaba oírselo decir a otra persona, quizás a una profesional.

Dra. Laura: —Suzanne, este sujeto es una mala persona, un mentiroso y un manipulador. ¿Cómo es que no estás lo bastante enfadada y horrorizada para poder tomar tu propia decisión?

Suzanne: —Creo que se debe a mi educación. Yo fui muy manipulada... pero nunca mentí... bueno, también mentí.

—De modo que todo esto resulta "normal" para ti. Tendrás que luchar contra esa "normalidad", y saber que existe otra clase de "normalidad" mucho más sana. Pues él te invitará a cenar y a beber, te llevará flores, intentará reconquistarte. Pero esa clase de gente no cambia. Pregúntale a la esposa cuánto ha cambiado a lo largo de dos décadas. Pregúntate cuánto cambió tu propia familia.

—Sí, es cierto, tiene razón. Pero, ¿qué puedo hacer para no volver con él? Pues yo también estoy en A. A., por lo tanto, tengo un grupo de apoyo y sin embargo, todavía estoy muy asustada...

—Tienes que poner en juego tu coraje. No hay magia. A. A. no te dará valor. Yo no te daré valor. Nada ni nadie tiene el poder de hacer lo que tú tienes que hacer.

—Sí...

—Chica, queda en tus manos. Quieres algo bueno y bello en tu vida: tienes que sostenerlo con fuerza, y que tu propia mente sea un receptáculo para lo bueno y lo bello.

Tras una larga pausa colmada de suspiros, Suzanne prosigue:

—Aún me cuesta creer que yo haya pensado que él era una buena persona.

—Quisiste creerlo porque él te decía lo que tanto deseabas oír. Te hacía sentir del modo que anhelabas, y por eso no te importó cómo era en verdad. Incluso ahora quieres que no te importe cómo es. Se trata de la esposa... ¿no es cierto? ¡Es una perra! Nos desharemos de ella y todo irá bien, ¿no es así?

—Sí, es decir, no... ¡en realidad, me agrada la esposa!

—¡Bien, entonces, puedes salir con ella!

—¡Caramba! Muchas gracias.

La negación no conduce a nada

Si besa a un sapo, no obtiene un príncipe: sólo un poco de barro y un mal recuerdo. Haces cualquier cosa menos aceptar la realidad: niega, ignora, racionaliza, justifica y, en última instancia, recurre a la posición defensiva más patética. "Pero yo le amo."

De cualquier manera, ¿qué significa: "Yo le amo."? ¿Acaso ese sentimiento suspende las facultades racionales? ¡Eso sí que es estúpido!"

La locura del "pero yo le amo"

Me llamó Jody y dijo con tono plañidero: "Pero yo le amo...", y yo le dije que, de acuerdo con su propia descripción, la idea que tenía del amor la había metido en problemas muchas veces, y volvería a meterla. Le aconsejé con firmeza que para tomar decisiones con respecto a una relación no se guiara por esos sentimientos a los que llamaba amor. Como era inevitable que la llevaran a una decisión equivocada, haría mejor en endurecerse y evitarse la interminable angustia que representaría ese tipo de inclinación.

El amor no procede de un mandato divino

Las mujeres como Jody tienen que comprender que las hormonas y el corazón no son nuestros mejores guías. El amor no es un destino o un mandato divino... ¡de modo que, dejad de chapotear en él! Si vuestro sentido común se ve superado por el sentimentalismo, debéis saber que vais por el camino equivocado.

Basta de: "Oh, ya sé que él es... (puedes llenar el blanco con abusivo, de mal carácter, frío, poco comunicativo, negativo, pendenciero, violento, adicto, controlador, adicto al trabajo, celoso, etcétera) pero yo le amo." La frase "le amo" no borra todos los calificativos anteriores.

Mi prueba infalible para detectar el amor auténtico

Estoy convencida de que lo que muchas mujeres llaman amor, y que se manifiesta en situaciones desagradables, peligrosas, hirientes, tiene más que ver con la pasión, con promesas, fantasías, una desesperada dependencia y el temor a optar por otras alternativas.

El amor verdadero es un largo proceso de cultivo de cualidades que tienen que ver con el respeto, la admiración, el aprecio, el carácter, el cariño, la cooperación, el honor y el sacrificio. A todas las mujeres del "pero yo le amo", les pregunto lo mismo: "Si fueses padre o madre, ¿le presentarías esta clase de individuo... o incluso este mismo tipo, a tu hija?"

Es curioso, pero la respuesta siempre es un enfático: "¡No!"

¿Por qué no puede ponerse usted en primer lugar?

Por lo tanto, mi réplica es la siguiente: ¿Por qué no puede ser tan cuidadosa y racional con usted misma como lo sería con una hija?

¿Por qué? ¿Por qué? ¿Por qué?

¿Qué es lo que le pasa por la cabeza?

• Si él no me quiere, significa que no soy buena.

- No encontraré a ningún otro que me soporte.
- No quiero estar sola.
- Es mejor que nada.
- Es mejor que lo que he tenido.
- Ya tengo veintinueve años (o treinta y nueve, cuarenta y nueve, cincuenta y nueve... siempre con "nueve") y se me acaba el tiempo.
- En verdad, no creo que pueda encontrar a un hombre mejor.
- A veces no es tan malo.
- De cualquier manera, no sé qué quiero de la vida.
- Mis propios problemas me inquietan demasiado para enfrentarme con ellos. Ayudarle a él me hace sentir mejor.
- Cuidarlo me hace sentir más importante.
- Me atemoriza lo desconocido, tanto dentro como fuera de mí.
- No es tan malo.
- Es difícil encontrar a alguien con quien divertirse.

Una autoestima pobre no es excusa para la inacción

Todas las frases del apartado anterior parecen expresar problemas con la autoestima, ¿no es cierto?

En efecto, pero todo el tema de la baja autoestima es muy complejo, pues la conciencia negativa acerca de la valía personal suele ser un arma que las mujeres esgrimen contra sí mismas. A menudo, cuando les pregunto el motivo de sus pésimas elecciones, y la impotencia con respecto a imprimirle un nuevo rumbo a su propia vida, la respuesta que me dan es: "Oh, bueno, pienso que tengo una baja autoestima."

Ahora bien, no me cabe duda de que el precio que una le pone a su propia persona determinará, en gran medida, el valor de las personas y de las situaciones con las que se vincule y que tolere, y me preocupa más que la baja autoestima se convierta en una excusa para no hacer nada en beneficio propio. Como no se siente especial, o valiosa o competente, entonces, no se atreve a correr riesgos.

Las heridas del pasado no son excusa
para la cobardía presente

Entonces, ¿qué haces cuando se siente mal consigo misma? Tal vez busque en las heridas de la infancia que la llevaron a la situación presente, y luego se una a algún grupo del tipo "Hijos Adultos de Alguien", que le otorgue autenticidad a su impotencia. La información que recoge y el apoyo que obtiene de los libros y los grupos de autoayuda y/o de la terapia podrían ayudarle a combatir ese tipo de conducta y de elecciones reflejas, inducidas emocionalmente, derrotistas y a asumir riesgos, a no hundirse en la negatividad.

Pues las personas crecen cuando asumen riesgos, en particular cuando tienen motivaciones para hacer lo contrario.

Recuerde que la autoestima no proviene simplemente de la falta de abuso verbal, físico o emocional. Existen muchísimas personas que viven con imágenes positivas de sí mismas y una visión amplia del mundo a pesar de haber crecido en ambientes terribles. Por lo tanto, la ecuación entre los traumas del pasado y la baja autoestima no es de uno a uno. No discuto el impacto negativo que tienen las crisis familiares de la infancia, las fracturas familiares o la destructividad. Pero la historia no es el destino. Tiene voluntad propia para crecer, para cambiar: para inventarse a sí misma.

¿Qué está primero: el coraje o
la autoestima positiva?

La idea de coraje es algo que sólo oigo mencionar cuando veo algún programa de televisión, sin embargo, la valentía es esencial para construir o reparar la imagen de uno mismo o la identidad dañadas.

He aquí mi afirmación: la vida, con sus riesgos y desafíos, provoca temor. Del mismo modo que nos inclinamos por la gratificación inmediata en lugar de postergarla por el placer más maduro de un logro futuro, con frecuencia echamos mano con demasiada rapidez a los mecanismos para eludir los riesgos del fracaso o de resultar heridos.

¿Qué está primero, pues? ¿La baja autoestima o la ausencia de un esfuerzo independiente y creativo en la vida? Igual que con el remanido cuento de "el huevo o la gallina", no tiene ninguna importancia qué está primero. La falta de autoestima y la carencia de coraje se reforzarán mutuamente... siempre. Sospecho que ese doble fracaso de la voluntad termina convirtiéndose en un mal hábito.

Valor personal: el don que tiene que ganar

Si espera que la autoestima la invada como una inspiración antes de que tome la vida en sus manos, sin duda nos encontraremos ya ancianas, charlando de una mecedora a otra, y hablando de lo que podría haber sido.

A menudo, la acción tendrá que realizarse antes de que surjan los sentimientos, tal vez incluso a pesar de ellos. Como ya dije, el coraje no es la ausencia de miedo sino el miedo más la acción. Tiene que comenzar a pensar en la autoestima y el comportamiento racional como un todo donde una alimenta al otro de manera perpetua.

La terapia es saludable, los vínculos desesperados, no

En última instancia, es usted la arquitecta de su propia vida. Tal vez le falten algunos elementos básicos, o haya quedado dañados pero, aun así, usted es la constructora de su propia vida.

Cuando observa los planos de su relación, ¿qué ve: una construcción sólida o un castillo de naipes? La calidad fundamental de su existencia dependerá de que ejerza el coraje de tomar decisiones racionales en la primera etapa de las relaciones. Eso significa que tendrá que lidiar con sentimientos de duda irracionales pero no por ello menos reales, directamente, por medio de la terapia o de manera indirecta a través de vínculos desesperados.

De otro modo, lo que llama amor, en realidad es un clamor angustioso por la significación de su propia vida. La pérdida de ese mal llamado amor se convierte en algo más que una pérdida personal: se transforma en la pérdida de una persona, ¡tú! Y ese es el dolor que sufría Linda, de treinta y seis años.

Cómo sobrevivir a la pérdida de una relación

Linda tenía una relación con otra mujer de veinticuatro años; esta última le comunicó que no la amaba y que quería relacionarse con otras personas. No obstante, al parecer, Linda se sentía incapaz de dejarla ir. Le señalé que el conflicto no consistía en no dejar que la pareja se marchara sino en no poder sostenerse a sí misma. Después de todo, hay una gran diferencia entre sentirse herido y desilusionado porque alguien nos rechace —todos hemos sido rechazados— y afirmar: "No valgo nada, no soy digna de amor", que era lo que Linda aseguraba.

Relación versus vínculo

A medida que continuaba la conversación y Linda admitía que tendía a transformar a las relaciones que entablaba en el centro del mundo, llegué a la conclusión de que ese es un comportamiento típico de las mujeres. Los hombres no sienten necesidad de vincularse con una mujer para existir. Lo que sí sienten es que tienen que hacer algo: correr carreras, inventar algo, trepar una montaña, dirigir una compañía... dejar alguna realización. Ese es el modo en que forjan una identidad. En cambio, las mujeres no suelen hacerlo. Por cierto, Linda no lo hacía.

No espere que la motivación le llegue del cielo

—Una de las cosas que tendrías que ver en tu terapia —le aconsejé— es la evolución, quizás en tu propia familia, de tu falta de valor para ser independiente y autónoma. En segundo lugar, tienes que abandonar esa actitud de impotencia y emplear el coraje de crear algo de lo que puedas estar orgullosa. No esperes que la motivación te caiga del cielo. A estas alturas, es probable que la motivación provenga del pensamiento racional. Y ese pensamiento sería: "Si no lo hago, siempre me sentiré mal."

Las mujeres dependientes obtienen la autoestima que les falta a través de sus vínculos con los demás. Es una manera temeraria de obtenerla. Llamar amor al apego hacia cualquiera que apenas manifieste un ápice de aprobación es una situación lamentable. Una experimenta la preocupación permanente de que cualquier cambio en el comportamiento de esa persona podría significar la falta de interés y la consiguiente pérdida de ese vínculo. Situaciones de este tipo trasforman la vida en una experiencia frágil.

Es esta clase de actitud la que lleva a las mujeres a buscar fuerza donde no van a encontrarla, y a quejarse en estos términos:

Leonora: —Me siento herida y decepcionada. En el trabajo, conocí a un compañero, estuve saliendo con él durante un mes, y me resulta evidente que bebe demasiado. ¿Crees que tengo posibilidades?

Dra. Laura: —¿Posibilidades de qué? ¿De que le arresten por conducir ebrio?

Debby: —Hace tres meses, conocí a un hombre y nos encontramos un par de veces. Descubrí que estaba involucrado en un tiroteo. ¿Crees que debería continuar?

Dra. Laura: —Claro, pero deberías ver antes *Bonnie y Clyde* para tener una idea de la ropa que te conviene usar.

Linda: —Bueno, tiene cierta tendencia a mentir... en realidad, es muy mentiroso. Pero en otros aspectos, es agradable, ¿me entiendes? ¿Qué opinas?

Dra. Laura: —¿Qué es lo que te "engancha"? ¿Acaso su potencia sexual aumenta en proporción a sus mentiras? ¿En realidad te sentirías satisfecha con un Pinocho de gran potencia sexual?

Denise: —Tengo veintiocho años y tengo una pareja desde hace cinco. Hace dos meses que estamos comprometidos. No sé por qué, pero aún no confío en él. Es irresponsable con el dinero y me ha engañado con otras mujeres. Pero dice que me ama. ¿Crees que tendría que confiar en él?

Dra. Laura: —¡Claro que sí! Puedes confiar en que sea siempre poco fiable. Es bueno que más adelante no te dé sorpresas.

Se vende al que hace la apuesta más baja

¿Puede creerlo? ¡Estas son preguntas típicas! No se trata de que la mujer haya conocido al hombre durante años y en los últimos tiempos haya tenido una crisis existencial a la que no puede reaccionar como tendría que hacerlo. Por lo general, estas situaciones tan desagradables muestran la relación tal como fue desde el principio. En lugar de decirse: "Oh, definitivamente, esto no puede ser", se deja llevar por la compulsión de atrapar lo que esté disponible y esforzarse en hacerlo funcionar, sea como sea. A menudo, se vende al postor que esté disponible (por lo general, el peor).

Arañar la esperanza significa arriesgarse a la desesperación

La carta de una oyente que en verdad podría describirse como conmovedora, ilustra muy bien esta cuestión. La autora contaba que tenía una relación con un profesor y que la institución no permitía la fraternización con los estudiantes. Si se descubriese la relación, el sujeto sería despedido de inmediato. "Me pregunto por qué arriesga tanto si sólo se trata de amistad", continuaba la carta.

Interpretar esa "fraternización" como un sacrificio motivado por los profundos sentimientos hacia la mujer es sobremanera romántico. Sin embargo, más bien me parece que el comportamiento de ese profesor es poco ético y egoísta. Mas este enfoque realista no conformaría las fantasías, necesidades y esperanzas de mi corresponsal. Más aun teniendo en cuenta la afirmación que seguía: "Agregaría que el lugar donde él trabaja me ha proporcionado una importante cuota de placer y amistad desde el suicidio de mi hijo y la subsiguiente muerte de mi esposo."

El alto riesgo de perseguir un sueño

Me cuesta imaginar las honduras de dolor, sensación de pérdida, quizás hasta culpa, miedo y anhelo que esta mujer experimenta. Puedo comprender que se aferre a la esperanza. Pero también resulta peligroso. Pues con frecuencia sólo tomamos conciencia de lo que queremos o necesitamos.

Hay un abismo de diferencia entre querer de verdad a alguien y perseguir un sueño, tener una necesidad desesperada de utilizar el sueño como un apósito emocional. Si se aferra al sueño, nunca se curará ni crecerá. Sólo sufrirá una nueva herida provocada por otra situación. Si ignorar la realidad, negar o racionalizar no hacen que la relación funcione... pues entonces, conviértase en un camaleón. Cueste lo que cueste, adáptese a esa relación.

La crisis del rehén "voluntario"

Becky, de treinta y seis, está enamorada de un hombre que bebe, la maltrata verbalmente, ejerce la violencia física, usa armas y en el presente tiene problemas de trabajo. ¿Qué le parece como pronóstico de desastre? No obstante, Becky dice: "Pero mientras yo haga las cosas bien, del modo que a él le agrada, todo va bien." ¿Sí? Lo dudo. Creo que Becky es un rehén voluntario: trata de sacar el mejor partido de una situación que se podría calificar como de vida o muerte.

Tratar de adaptarse es una locura espantosa

Muchas de vosotras, tratando de hacer que las cosas marchen apaciguando a los demonios (esos sujetos a los que amáis), realizáis esfuerzos increíbles para que vuestros hombres sean felices. Pues si él es feliz, entonces usted es feliz y todo en la vida es agradable. Si él es feliz, será bueno con usted, te amará y la mantendrá feliz por siempre jamás. ¿No es así? ¡No! He aquí un ejemplo relevante:

75

Volver a la escena del crimen

Valerie, de veinte años, está saliendo con un hombre de su misma edad desde hace más de dos años. La relación tenía dificultades y Valerie decidió resolverlas cambiando para acomodarse a los ideales de él, intentando hacer todo lo que el novio deseaba. Por desgracia, esa táctica no resultó. A pesar de todo, el novio estaba insatisfecho. A estas alturas, Valerie estaba harta, pero cada vez que intentaba cortar la relación el terror a la soledad la hacía retroceder.

Al preguntarle por qué insistía en "volver a la escena del crimen", alegó ignorancia; luego dijo: "Creo que lo echo de menos." ¿Que lo echaba de menos? ¿Siendo una fuente perpetua de juicios negativos y de rechazo... con algo de sexo y ciertos gestos de ternura? ¿Sólo por eso estaba ofreciendo pedazos de sí misma?

Insinué que estaba dando demasiado de sí con muy pobre recompensa por parte de ese joven inseguro, inmaduro y controlador.

Cuando vuelve a poner en escena
una antigua herida

Me intrigaba el motivo por el que Valerie entregaba a un joven con tan poca experiencia como ella el poder para juzgarla. El motivo se aclaró después de una exploración más escrupulosa. Valerie era el producto de un hogar destruido. Tenía un cúmulo de emociones sin resolver en relación con el padre, que había desaparecido cuando ella tenía sólo seis años. En el presente, volvía a actuar aquella situación sometiéndose, por temor a que le ocurriera como a su propia madre: si "cometía un error", ahuyentaría al hombre y, en consecuencia, perdería otra vez a "papi".

Hacia el final de nuestra conversación, Valerie parecía dispuesta a deshacerse del novio pues ambos necesitaban tiempo para crecer, para enfrentar el hecho de que ella estaba reviviendo dolores, frustraciones, angustias y pérdidas del pasado y comenzar a aceptar que era digna de amor y a conocer sus propios deseos y sueños.

Repetición romántica instantánea

El conflicto de Valerie ejemplifica un comportamiento frecuente: utilizar un nuevo amor para remplazar una antigua pérdida, por lo general de un padre. Por lo tanto, el novio no es el objeto real de los sentimientos amorosos. Lo que él simboliza es una segunda oportunidad de reparación. Por eso, la posibilidad de perderlo es tan aterradora: ¡constituye la fantasía de reparación de una pérdida antigua!

¿Por qué las mujeres huyen de los nuevos desafíos?

Existen dos motivos poderosos para esforzarse en que una relación funcione: tratar de cicatrizar heridas del pasado y evitar los riesgos. Por desgracia, ninguna de las dos cosas se logra por mucho tiempo, aunque se produzca el romance y te sientas atrapada por la pasión. Cuando la realidad se abre paso comienza a percibirse el vacío y usted se pregunta por qué a pesar de todo no es feliz. Nueve de cada diez veces llega a la siguiente conclusión: "¡Tengo que lograr que él cambie! Si lo logro, todo irá bien."

Resistencia a enfrentar los riesgos y baja autoestima: el dúo fatal

Diane, de cuarenta y dos años, tiene un novio al que describe como egocéntrico. —Siempre me subestima y me desprecia —se queja—. Tenemos constantes discusiones al respecto. Y yo sigo intentando hacerle comprender y cambiar.

Le pregunto a Diane cuáles son los beneficios de sus esfuerzos por hacerlo cambiar. Responde:

—El principal, que no tengo que cambiar yo. En segundo lugar, no pierdo lo que me agrada en lo que se refiere a compañerismo y seguridad. Tercero, me desagrada la perspectiva de estar sola o con otra pareja. Y cuarto, creo que lo tomaría como algo personal: me convencería de que sus juicios negativos hacia mí son correctos.

¿Qué os parece como manifestación de autoconocimiento y honestidad? ¡Otra vez los viejos fantasmas! La resistencia a asumir riesgos y la baja autoestima, que de aquí en adelante llamaremos: "el dúo fatal".

El "pero" fatal

¿Quiere otra señal inequívoca de que va por el camino equivocado? Aquí va: cuando admite saber que está cometiendo un error, y agrega algo similar a "pero". "Oh, ya sé, pero quizá... ¿y si...?" ¡Amiga, no puede darse el lujo de vivir en la tierra de los "y si...!". Porque usted —y yo, y todos— vivimos en el mundo real. Por favor, baje a la tierra y considere los "peros" como lo que son: un último recurso para luchar contra lo inevitable, que es el crecimiento personal.

¿Cómo puedo enseñarle a respetarme?

¡No crea que logrará inspirarme compasión o lástima! Elizabeth me escribe: "¡Ya no soporto los insultos! Me duelen; por otra parte, no advierto que él se irrita hasta que es demasiado tarde. ¡Socorro! ¿Cómo puedo enseñarle a que me respete?" Respondo: "Como haría en semejantes circunstancias cualquier persona que se respete a sí misma: irse. ¡Esa sería la mejor lección que podrías darle!"

¿Es usted acaso una mártir romántica?

Bárbara se queja:

—Hace más de un año que salgo con mi novio. Hasta el momento, no disfrutamos de intimidad y casi no nos tocamos. A él no le gusta que lo toquen; al menos, eso es lo que dice. Con su historia familiar, no me extraña. El padre los maltrataba a él, a la madre y a sus cinco hermanas, y eso incluía golpes y abuso sexual...

Yo respondo: —Te sugiero que le recomiendes a este muchacho un buen terapeuta y te olvides de él. Si te sientes impulsada a una conducta del tipo "y si...", tendríamos que pensar en tus propias ansiedades con respecto a la intimidad, pues el trasfondo consiste en que si tú estás con un muchacho que no puede o no quiere tener relaciones sexuales, tú tampoco las tienes. Y quizás eso sea lo que prefieres: evitar el enfrentamiento con tus propios demonios sacrificándote a los de él.

El hecho de dar no garantiza obtener nada a cambio

Recuérdelo: si su identidad depende de hacerse indispensable, darás mucho de usted pero hay escasas posibilidades de recibir algo a cambio de sus afanes. Si expresa sus necesidades, si está dispuesta a recibir, lo recibirá, pero no si se limita a tolerar.

Hacer que él cambie... para el bien de una misma

Cuando las mujeres tratan de valorarse y definirse a través de la pareja ocurre algo extraño: se dedican a vigilar las imperfecciones del hombre... pues si él no es perfecto ellas tampoco lo serán. Es el caso en que trata de que él cambie... en beneficio de usted. Por supuesto que el hombre sentirá esa actitud como castradora, perversa, hostil y carente de aceptación. Pocas veces provoca modificaciones en el hombre pues no es él quien se siente impulsado a cambiar sino usted. Lamentablemente, no ejerce la posibilidad de modificar a la persona que en verdad lo necesita: usted misma.

¿Qué proporción de dolores inútiles es capaz de tolerar?

Es sorprendente la cantidad de angustias y sufrimientos (abuso, desigualdad, desdén, desinterés) inútiles que las mujeres son capaces de soportar para evitar otras formas más productivas de angustias y sufrimientos: conocimiento de sí mismas, independencia, desafíos vitales en búsqueda de un sueño personal. Lo repito: es imposible lograr un amor auténtico sin antes lograr amarse a sí misma.

El corazón versus la cabeza

Resumiendo: por favor, no mezcle sentimientos de familiaridad, inversión, sexo, promesas, esperanzas y fantasías con el amor. ¡Si son esos los que pulsan las cuerdas de su corazón, deséchelos!

A menudo me preguntan si las decisiones relacionadas con la pareja deben adoptarse con el corazón o con la cabeza. Sin duda, adivinará mi respuesta: siempre, con la cabeza, pues es sabido que el corazón tiene una visión borrosa de la realidad.

Y en lo que se refiere a una relación comprometida, a largo plazo, el amor no es suficiente, ¿sabe? Existen cuestiones de honor, respeto, reciprocidad, sacrificio, aceptación, apoyo, valores éticos similares, para nombrar sólo algunas. Tampoco estas cosas se logran sin lucha y porfía pero, ¡le aseguro que valen la pena!

Post scriptum:
¿es posible que esta mujer sea real?

Querida lectora, lo crea o no, esta es una auténtica noticia periodística publicada por *Associated Press* el 9 de marzo de 1993:

Una mujer, cuyo marido está acusado de intentar envenenarla y de asesinar a otras dos con cápsulas de cianuro, declara que considera normal su matrimonio, aunque en una ocasión tuvo que llamar al servicio de emergencias para pedir ayuda durante una pelea.

Joseph Meling está acusado en seis causas por adulteración de productos, dos por perjurio y tres por fraude. Está acusado de colocar cápsulas de cianuro en un envase de alimentos, en febrero de 1991 para matar a la esposa y cobrar un seguro de 70.000 dólares. También, de envenenar cinco paquetes del mismo alimento en un almacén para hacerlo parecer la obra de un asesino casual.

Kathleen Daneker, de 40 años, de Tacoma, y Stan McWhorter, de 44, de Lacey murieron envenenados con cianuro comprado en Tacoma y en Olympia. Se encontraron otras cinco cápsulas de cianuro en el curso de una prueba de ese producto alimenticio en cuestión.

La señora Meling estuvo a punto de morir, pero se recuperó. Comenzó la demanda de divorcio pero luego se retractó, volvió con el esposo, y está atestiguando en defensa del señor Meling.

La señora Meling afirma que el conflicto en su matrimonio es normal. Con lágrimas en los ojos, dice que todavía ama al esposo y cree en su inocencia.

¿Qué le parece?

4

Pasión necia

"¡OHHH, AHHH!, ¡SI ESTAMOS JADEANDO...
DEBE DE SER PORQUE NOS AMAMOS!"

Recuerdo una serie de anuncios comerciales en los que Orson Welles decía: "No venderemos el vino antes de que esté maduro." ¡Ojalá más mujeres adoptaran la misma actitud hacia el sexo!

Y por favor, no me acuse de querer regresar a la época de la doble moral sin tener en cuenta el número creciente de embarazos no deseados, de abortos, enfermedades venéreas y corazones destrozados desde que la revolución sexual nos dijo: "Mujer, tienes el mismo derecho a divertirte que los hombres."

Amiga, estoy de acuerdo en que hemos avanzado mucho, pero todavía no estamos donde deberíamos... pues las mujeres seguimos exagerando el aspecto romántico del sexo.

¿Acaso una noche en el paraíso vale sufrir el infierno después?

Ellen me llamó durante mi participación en el programa de Sally Jessy Raphael en la emisora ABC: "Soy secretaria, y estoy enamorada de mi jefe desde hace un año. En realidad, nunca le insinué nada. Y él siempre se comportó como un jefe. Hace un mes, un viernes por la noche me invitó a cenar. Luego, fuimos a su casa a beber vino y a charlar un rato y terminé quedándome todo el fin de semana. Fue estupendo. El sexo resultó maravilloso, romántico: un sueño convertido en realidad. El domingo por la noche, antes de que me fuera, no hablamos de lo que pasaría en la oficina. Pues bien, ya han pasado tres semanas y él me trata del mismo modo que antes de ese fin de semana. No ha dicho una palabra. Me siento herida y no sé qué hacer. Estoy muy perturbada."

La esperanza equivale a la resignación

Nombradme a alguna mujer que no relacione la vergüenza y los sentimientos heridos de Ellen y recuerde aquella pregunta, que ahora resulta cómica: "Pero, ¿me respetará él por la mañana?" Ese es otro de los "peros" fatales. Sin embargo, no se trata del respeto de él. Se trata del modo en que las mujeres fantaseamos acerca de situaciones semejantes sin molestarnos en preguntar o en comentarlas. Nos limitamos a contener el aliento y a esperar que resulte. Prestemos atención a las palabras del Premio Nobel Albert Camus: "La esperanza equivale a la resignación, y vivir es no resignarse."

Cuando le pregunté a Ellen qué pensaba acerca de haber tenido relaciones sexuales con su jefe sin haber hablado de ello antes, respondió: "Yo creí que si nos acostábamos significaría que él sentía lo mismo que yo."

Así es: una relación basada en la fantasía esperanzada.

Virgen hasta la muerte

Insisto, no se trata del respeto del hombre, de la vieja doble moral. Y no digo que las mujeres tendrían que presentarse como vírgenes hasta la muerte para que el hombre las considerara puras, buenas, o como si fuesen un premio a conquistar. Eso sólo tendría el efecto deseado sobre un hombre con complejo de inferioridad. Sin embargo, un hombre que tuviese una mentalidad fundamentalista buscaría una compañera similar a él... lo que tal vez fuese preferible al caos sexual que vivimos en nuestros días.

¡Cuidado con los donjuanes de este mundo!

Enfrentémonos con ello: es muy posible tener una conversación con un hombre que parece sintonizar nuestra misma longitud de onda y luego descubrir que es un mentiroso, que juega con las personas. Sucede. Siempre sucedió y siempre sucederá. ¿Os acordáis de don Juan (cuyo problema verdadero provenía de la madre, por supuesto...)? Lamento informaros que está vivito y coleando y que una se puede encontrar con él en casi todos lados. En realidad, me preocupan mucho más las mujeres que juegan consigo mismas, que esperan placer cuando lo que cabría esperar es sólo sufrimiento.

¡Siento como si hubiese traicionado a mi amiga!

Eso es lo que aseguró Tiffany, pues se engañó suponiendo que las cosas eran más importantes de lo que en realidad eran. Salió al aire diciendo que "tengo muchas dificultades a causa de un error que cometí". El "error" resultó ser haber mantenido relaciones sexuales con el esposo de una amiga íntima. Tiffany es soltera. Y ahora está arrepentida, desearía que no hubiese ocurrido. Aunque sólo sucedió una vez, hace algo más de un mes, aún sigue atormentándola. Le pregunté por qué lo había hecho y al principio aseguró que no lo sabía pero luego...

Tiffany: —Bueno, él se me insinuó y... eh... lo que en verdad me angustia es que él se acercó y yo le respondí. No sé bien por qué... aunque... creí que, en cierto sentido, necesitaba ayudarlo... porque su esposa, mi amiga, había fallecido dos semanas antes y ahora... siento como si la hubiese traicionado... como si me dijera: "¿Por qué me haces esto?"

Dra. Laura: —Tú no le hiciste nada. Es obvio que hiciste

algo contra ti misma. ¿Te gusta ese hombre? ¿Te atraía cuando tu amiga aún vivía?

—No lo creo... Bueno, sí y no... sí.

—De modo que, en el fondo, tú ya lo deseabas. Y se presentó la oportunidad, pero ahora te sientes inquieta porque él se retrajo, ¿verdad?

—Sí, y yo también. Fue algo mutuo.

—Muy bien, ¿dirías que él se retrajo antes de que tú lo hicieras? ¿Tal vez sea eso lo que te hiere y te hace sentir mal en este momento?

—Sí.

—Creo que te sientes utilizada. Pienso que te haría bien decírselo a él.

—Bueno, no hemos hablado sobre ello en absoluto.

—Aun así, te sugiero que le llames y se lo digas aunque eso te haga sentirte mal, que te enfrentes con ello de manera directa y franca. Puedes decir algo así: "Siempre me agradaste; tú te acercaste a mí y yo creí que podría acompañarte en ese momento de dolor... Sin embargo, ahora me siento usada." Dile que comprendes que fue una experiencia mutua, pero que en este momento sientes la necesidad de alejarte.

—Oh, no sé si podré hacerlo...

—¿Cuál sería la alternativa? ¿Te parece más fácil no hacer nada y obsesionarte por haber traicionado a tu amiga? ¡Y sin embargo, no hiciste nada semejante!

—Sí, de acuerdo.

—Tiffany, si él vuelve a acercarse, no sigas la corriente hasta no estar más segura de que él ya superó la muerte de la esposa y está listo para iniciar otra relación. Tal vez necesite meses o incluso años. ¿De acuerdo? Cuídate.

—Gracias, muchas gracias.

La intimidad y la sexualidad no son lo mismo

Tanto los hombres como las mujeres me llaman para hablar acerca de sus relaciones. Todos emplean el término "íntimas" para referirse al sexo. ¿Acaso la intimidad y la sexualidad son sinónimos? ¡De ninguna manera!

Es probable que dentro de una hora tenga una frenética relación sexual con un desconocido. Es evidente que no se trataría de intimidad. La intimidad no es la capacidad de participar de un coito: hasta las moscas de la fruta pueden hacerlo. La intimidad es la capacidad de ir más allá del hecho sexual en sí, como de cualquier otra cosa, de pasar del significado del sexo al de la vida misma.

A menudo digo en mi programa: "No haga nada de lo que no puedas hablar... ¡con esa persona!"

Primero, hablar, luego el sexo

¿Por qué no conversa primero y luego tiene relaciones? En primer lugar, porque expresarse acarrea una intensa sensación de vulnerabilidad: el miedo al rechazo o a la crítica. Pregunté a una mujer que me llamó por qué no interrogaba al hombre con el que salía desde hacía un mes para saber si salía con otras mujeres y me respondió: "Le tengo miedo a la respuesta."

Repliqué: —¡Sin embargo, ya estás preocupada preguntándote si te engaña o no!

—Sí, lo sé —explicó— pero la preocupación está sólo en mi cabeza. Si lo supiese con certeza, el dolor sería real.

¿Le llamo... o espero a que me llame él?

He aquí un ejemplo de cómo funciona una fantasía desarticulada... o mejor dicho, cómo no funciona:

Diana, una madre que hace dos años que está divorciada, tenía cierta necesidad muy humana de acercarse a otra persona, de importarle a alguien, de tocar y de sentirse cerca de alguien. Había reentablado una amistad con un hombre que conoció en la adolescencia.

Al comienzo, la relación consistió en que él realizara tareas circunstanciales en la casa cuando Diana necesitaba ayuda masculina... hasta que una noche en que los niños no estaban, ella le invitó a cenar para "agradecerle" su ayuda. El agradecimiento significó acostarse con él. Y desde entonces, no volvió a verlo aunque admitió que ella era la que siempre le llamaba.

Sexualidad en lugar de romanticismo

Diana utilizó la palabra "romántico" para describir el encuentro, pero yo le señalé que para los hombres el sexo no implicaba necesariamente romance; en cambio, como las mujeres solemos unir las dos cosas suponemos que nuestras parejas hacen lo mismo. En el caso de Diana lo real era que la situación había tomado un tinte sexual en lugar de romántico. Al menos, no para el hombre.

Diana: —Muy bien. Lo que no sé es si tendría que olvidarlo, no volver a llamarle, o llamarle y aclarar las cosas, o...

Dra. Laura: —Cuando dices "aclarar las cosas", ¿a qué te refieres? Porque has de tener muy claro tú misma cuál es el mensaje que deseas trasmitirle. Ese individuo podría pensar que tomas en serio la relación porque os habéis acostado juntos, y quizá no desee esa responsabilidad.

—Ahá. Sí, sí.

—De modo que eres tú la que necesita claridad. No es justo que te obsesiones con él porque en ningún momento dijiste: "Hablemos de nuestra relación y de lo que el sexo significa para ti." Vosotros no hablasteis sobre ello, sencillamente, sucedió.

—Sí, en parte eso me exaspera, pero creo que necesitaba esa gratificación. La necesitaba desde hacía mucho tiempo. En ese momento, fue muy agradable, y antes de irse él dijo: "Te llamaré", entonces yo pensé: "Oh, ¿qué hice?" Ya pasó un mes y esperé con toda paciencia pues no quería que creyese que estaba persiguiéndole. Pero no me llamó.

—Bueno, Diana, esa es la respuesta.

—Sí. Pero no sé si tendría que...

—Cuando dices: "No sé si tendría que..." es como si quisieras decir: "Si le llamo, volveré a gozar de esa gratificación sustentadora." Lo que debes comprender es que no la tienes.

—Cuando sólo éramos amigos, era magnífico.

—¿Sabes, Diana? Yo creo que las mujeres tendríamos que terminar con la fantasía romántica y hablar las cosas antes de ir a la cama. Pues si no aclaramos qué es lo que haremos antes de hacerlo, no podremos quejarnos luego de haber sido mal interpretadas o utilizadas.

—Pero ahora, ¿qué crees que tendría que hacer? ¿Volver a llamarle o esperar que él me llame?

—Podrías llamarle o dejarle un mensaje en el contestador telefónico diciendo: "No quisiera perder tu amistad por haber exagerado el carácter romántico de lo que sólo fue un encuentro sexual. Todavía deseo que sigamos viéndonos de tanto en tanto, sin ningún compromiso ni responsabilidad." Y espero que él tome a bien semejante atrevimiento. Pero no hagas esa llamada si no es eso lo que en verdad deseas. De lo contrario, sólo estarías manipulándole.

—De acuerdo. Me parece bien. Muchas gracias.

Usted sólo ve lo que quiere ver

Diana puso esperanzas en el hecho de que el amigo hiciese algunas tareas en su casa y se quedara a cenar. Pero ignoró la posibilidad de que él no tomara la iniciativa de una manera más personal. Desde una perspectiva incorrecta, supuso que el sexo cerraría la brecha. Como en el caso de Diana, con frecuencia se utiliza el sexo con demasiada anticipación para mitigar la soledad o el anhelo de aprobación.

El círculo vicioso sexual

María, de diecinueve, llamó y dijo: "Tengo relaciones con un chico que afirmó con toda claridad que no me ama y que no quiere casarse conmigo. No sé por qué no dejo de verlo y de acostarme con él. Es mayor que yo. Creo que sigo suponiendo que si tenemos relaciones sexuales es porque él me ama. Sin embargo, sé que eso no es cierto."

María me dijo que nunca se sintió querida por los padres, y que los únicos momentos en que creyó experimentar el amor fue durante esos encuentros sexuales. No era capaz de abandonarlo. Y así se creó el círculo vicioso: no se sentía digna de amor, practicaba el sexo para sentir ese amor y luego comprendía que se trataba de sexo y no de amor. En este caso, lo terrible es que la conducta de María refuerza la idea de que ella no es digna de amor.

¡Deje de rebajarse para obtener afecto!

Expliqué a María que los hijos son dignos de amor de por sí. Y si los padres no les aman es porque no son capaces de hacerlo: son ellos los que están enfermos. También le señalé que ese vínculo desesperado con su pareja no hacía más que retrasar su desarrollo hacia la verdadera capacidad para amar.

—María —finalicé— estás dedicando todas tus energías a lo que interpretas como cariño o aprobación. Si no tienes cuidado, terminarás viviendo siempre del mismo modo: nunca podrás dar, no crecerás... siempre seguirás intentando cosechar en campos yermos.

Explotar el mito del sexo como antídoto contra la soledad

El sexo nunca resulta el remedio esperado ni la anestesia para los sentimientos de insuficiencia, de vacío, vergüenza, soledad, temor, disgusto con uno mismo, y demás. ¡Ah, si tuviese tanto poder! Atendí a muchas mujeres, tanto a las que tenían éxito y una buena educación como a otras que no, que habían utilizado el interés sexual de un hombre para reflotar una autoestima que se hundía. Y sin embargo, no resulta más allá del momento... si es que dura tanto.

Despertarse junto a un extraño que no se puede soportar

Caroline, una paciente de mi consulta de algo menos de cuarenta años, estaba divorciada hacía poco de un hombre que, según ella, era muy apuesto pero inmaduro sin remedio. Caroline era atractiva, brillante y creativa pero no tan bella como el ex esposo. Tenía inclinaciones artísticas mientras que en su propia familia eran todos abogados. Era alta y delgaducha, y le costaba aceptarlo. Sin embargo, la familia la quería y la apoyaba. Lo que sucedía era que ella misma se sentía "poco atractiva y rara" porque era diferente de los otros miembros de la familia.

Era característico de Caroline que entablara relaciones que de inmediato se volvían apasionadas, y que despertara por la mañana sin ningún interés y hasta disgustada por el hombre que tenía a su lado. Cualquier hombre con el que se quedara más de una noche se convertía inevitablemente en un tipo excéntrico con el que se sentía más a gusto.

¡Existen historias triunfales!

Cuando el dolor de semejantes situaciones se volvió insoportable, Caroline recurrió a la terapia para resolverlo. Me complace decir que, como resultado de esa terapia, Caroline se acercó más a la familia y aprendió a confiar más en sí misma. Establecimos la siguiente regla: "Cuando conozcas a un hombre, nada de sexo al menos por seis semanas (¡una eternidad para ella!)." La respetó, dándose tiempo para forjar una comunicación y permitiéndose cierto grado de vulnerabilidad antes de zambullirse entre las sábanas.

En el caso de Caroline, el sexo apresurado perseguía el objetivo de hacerla sentir aceptada y de tener las cosas bajo control; era la primera en rechazar, anticipándose a un posible rechazo.

Atrévase a poner a prueba la imagen negativa de sí misma

Martha, otra paciente, reflexionaba: "Siento que el sexo es la única cosa para la que sirvo. Sin eso, ¿qué hombre se sentiría atraído hacia mí? ¿Cómo podría retenerlo?"

Le sugerí que pusiéramos a prueba esa suposición. Martha volvió a estudiar, como una manera de reforzar su autoestima y le va muy bien. En este momento, intenta una actitud diferente con los hombres: se permite pasar más tiempo con ellos para

91

ver si tenía razón, es decir, si ninguno se interesaría en ella de no ser por el sexo. Para su sorpresa, descubrió que estaba equivocada. Esta confrontación con la realidad requiere coraje, pero lo mismo sucede con todo lo que vale la pena.

Pasión sexual versus amor maduro

La pasión sexual es un sentimiento que consume. No se puede pensar, trabajar, dormir, ni hacer nada sin esa marea de emociones viscerales. El amor maduro, en cambio, coloca a la pasión sexual en un contexto y en una perspectiva diferentes. Para algunas mujeres esa realidad es decepcionante porque las deja a solas consigo mismas... sin ninguna máscara.

Cuando pasa la excitación

Mónica, de veinticinco años, dijo: "Tengo una pareja desde hace más de tres años y durante el primero la relación sexual fue muy buena. Cuando resultaba, el sexo era satisfactorio para los dos. Me sentía muy atractiva y libre de ser yo misma cuando estaba con él, y lo pasábamos muy bien." Luego, después de un año y medio de relación, Mónica advirtió que "por alguna razón, me enfrié" en el aspecto sexual.

Al presionarla, admitió el motivo: se sentía disgustada consigo misma pues, aunque procuraba mantenerse en línea, su figura había comenzado a aumentar de peso, al mismo tiempo que disminuía su apetito sexual. Insistí, y confesó que debía de estar aumentando de peso porque ya no iba al gimnasio. Y eso se debía a que el trabajo no la satisfacía, nunca la había complacido.

Dra. Laura: —De modo que nunca cumpliste tu sueño.

Mónica: —¡Exacto!

—¿Cuál es tu sueño?

—Trabajar con animales. Me encantaría ir a trabajar al zoológico.

—¿Y por qué no lo haces?

—Bueno, creo que no me aceptarían.

—¿Quiénes? ¿Los animales?

—No, las personas que me entrevistaran.

—Bueno, para conseguir el empleo que tienes ahora tuviste que pasar por una entrevista. ¿Por qué te rechazarían?

—Tal vez no sepa lo suficiente.

—¡Por supuesto que no! Tienes que aprender. Entonces, estabas disconforme contigo misma y con tu vida, conociste a este muchacho que te hizo sentir bien y creíste estar enamorada. Eso te hizo olvidar tu insatisfacción. No obstante, el enamoramiento acabó y ahora te enfrentas con Mónica. El problema no está en el sexo. ¡Está en tu impotencia con respecto a tu propia vida!

—Eso suena interesante.

—Lo que tienes que hacer es ponerte ropa adecuada —esas botas del ejército que usan para andar por el zoológico— llamar, pedir una cita e ir a conseguir un trabajo, aunque sea modesto. Aprende todo lo que puedas y trata de concretar tu sueño. Ese es el modo. A eso se le llama "experiencia" y es una bendición, no un castigo. Porque cuando te esfuerzas por concretar un sueño y te alejas de la insatisfacción, dejas de usar el sexo como un analgésico.

—¡Qué alivio! Creí que tenía alguna dificultad sexual.

—¡Tu única dificultad consiste en que te alejaste de tu propósito! ¡Ese es tu problema, mujer! Vamos, Mónica. Es tu propia vida, ve por ella.

—Eso es magnífico. ¡Gracias por el aliento!

No puedo evitarlo: soy adicta al sexo

Mónica esperaba que la pasión sexual la impulsara a lo largo de la vida. Pero eso sólo funciona si cada año conquistas a un hombre distinto y vuelves a enamorarte. Muchas personas hacen eso y lo llaman enfermedad: "Soy un adicto sexual."

Pero yo afirmo que no están enfermas: sólo están tratando de excitarse para no tener que enfrentarse con la lucha por la valoración personal y el autocontrol. A Mónica le espera una agradable sorpresa: la excitación intensa y duradera de acudir a la entrevista, luego a una segunda y decir: "Por favor, haré cualquier cosa. Barreré la jaula de los elefantes con tal de tener una oportunidad de trabajar aquí."

Como Mónica, muchas mujeres esperan que la pasión sexual o el amor las sostengan a lo largo de la vida, sin necesidad de que vayan en búsqueda de los sueños. Es una equivocación fatal.

Todo depende de usted: una difícil admisión

Ciertas mujeres que tienen relaciones sexuales demasiado pronto lo comprenden:

Lisa, de veintidós años, comenzó la conversación contándome que había abandonado a su esposo hacía un año. Se había casado a los dieciocho años, al salir de la escuela secundaria, a raíz de un embarazo imprevisto, y ahora tenía un hijo de tres años. En aquella época no tenía ningún proyecto salvo el de ser una esposa y madre ideal. Se describió como una joven "poco dispuesta al estudio", y admitió que en la adolescencia se volvía loca por los chicos y me sorprendió al explicar su propia conducta con claridad meridiana:

—Sólo quería estar con un chico para sentirme bien conmigo misma —confesó—. Tenía muy poco aprecio por mí, y por eso siempre me buscaba algún novio... siempre... y ese solía ser el chico al que todas querían. Pero era yo la que lo conquistaba.

—Eso significa —repliqué— que aquel matrimonio no tuvo nada que ver con el amor sino más bien con llenar ese vacío.

Estuvo de acuerdo; entonces, me habló de la plenitud que representaba para ella la maternidad y agregó:

—Estoy trabajando por mi cuenta —algo que, según el ex esposo, sería incapaz de hacer.

La profunda satisfacción de la independencia

El ex marido de Lisa había representado sólo un eco de los miedos de ella. Seguramente le diría: "¡Nunca harás nada!" Sin embargo, en el presente se encuentra en una situación envidiable: descubrió que ambos estaban equivocados. Incluso el esfuerzo por realizar bien el trabajo y estar presente todo el día, cuidando a su adorado hijo es una fuente de satisfacción pues lo hace por su propia cuenta. Sale a menudo con hombres pero hasta el momento no encontró a nadie que valga la pena. Riendo, me dijo:

—Mi ex marido es agradable, pero ya no me atrae —y yo le respondí:

—¿Sabes lo que ocurre?: no te casaste por amor y, por otra parte, él no apoyó tu crecimiento, lo cual hubiese sido la base para un amor verdadero. Te casaste por desesperación. Por la misma razón, te acostaste con él: por desesperación afectiva. Eso no es amor. No me extraña que ya no te atraiga.

Comprender que un error nunca es un error

Le aconsejé a Lisa que tomara conciencia de que el matrimonio había sido un error y que siguiera adelante con su vida. En cuanto a la compañía masculina, le sugerí que por el momento tendría que bastarle la del hijo. Por instinto, Lisa sabía que la única persona que podía proporcionarle un sentido de su valía individual era... ella misma. Concluí diciéndole:

—Comienza a imaginarte dentro de veinte años. Me gustaría que me llamaras cuando logres tu sueño, y no es indispensable que hayas cumplido ese mismo. Los míos cambiaron. Pero es importante proyectarse, pues si puedes soñar con tu futuro eso significa que ahora crees en ti misma.

No pase por alto su propio crecimiento

Lisa lo imaginaba, pero era incapaz de comprender y valorar su crecimiento. Me sorprendió poder señalárselo. Y eso nos demuestra cuánto necesitamos una retroalimentación objetiva y un apoyo sólido. Los cambios interiores suceden con suma lentitud y en ocasiones no los percibimos: estamos demasiado concentrados en sobrevivir.

El "sexo apresurado" puede convertirse
en una sentencia de por vida

Para una mujer, las consecuencias de entablar relaciones sexuales antes de estar preparada desde el punto de vista mental, emocional y en la etapa de la vida, son graves. Y a veces resultan complejas y desastrosas.

Cuando atendí la llamada de Karen, el tono de la voz me indicó que estaba perturbada... y enfadada. No obstante, comenzó con aparente calma a contarme que convivía con un "caballero" desde hacía tres años. Luego me dijo que ella tenía veinte (¡oh!) y que —aquí estaba el meollo de la cuestión— tenían un niño de ocho meses. Me aseguró que pensaban casarse pero luego dejó caer la bomba:

—Pero acabo de descubrir que tiene otro hijo, un recién nacido con una antigua novia. —Le insinué que el sujeto (no pude llamarlo "caballero") tal vez quisiera reservarse una alternativa y le pregunté si en realidad habían fijado la fecha de la boda. Por supuesto que no lo habían hecho.

—Me muero por escuchar tu pregunta —le dije.

—No sé qué hacer —dijo.

Rara vez la intimidad sexual
lleva a un compromiso inmediato

Le respondí que no explicaba las cosas con precisión. Sabía qué hacer... al menos lo que habría hecho de no encontrarse en una situación donde al parecer llevaba todas las de perder.

—Apuesto a que si, teniendo una relación con este tipo —le dije— tuvieses un empleo con futuro y no tuvieses un hijo, le dirías que se fuese.

Asintió. Le señalé que, de todos modos, no me parecía un buen compañero para toda la vida; lo que había embotado el juicio de Karen acerca de ese hombre era la noción romántica de que la intimidad sexual llevaba automáticamente al compromiso.

El haberse precipitado había metido a Karen en las dificultades actuales y, en consecuencia, le aconsejé que no se casara con nadie durante varios años y que dejara de convivir con el individuo al que llamaba su prometido. Durante ese período de enfriamiento, si mantenían relaciones cordiales y trabajaban de común acuerdo para criar al niño, Karen podría saber si el individuo era capaz de mantener la pareja monógama que ella deseaba y también de cumplir las complicadas obligaciones hacia ella y hacia el hijo.

—Lo mejor que puedes hacer —insistí— es darte estos dos años antes de adoptar una decisión, aunque tengas que sobreponerte al anhelo de casarte o de deshacerte de él. Es una proporción mínima de tiempo para decidir sobre un tema que afectará a gran parte de tu vida.

Mientras esté viva, tiene alternativas

El alivio de Karen fue tan evidente que comprendí que no había tenido en cuenta la posibilidad de elegir. Mi corazón sufre por las jóvenes como ella, que se atormentan en una etapa que debería ser la más libre de la vida. Lo mismo que ocurre con las adolescentes embarazadas, las mujeres en general se niegan a leer lo que está escrito en letra pequeña hasta que las obliga a hacerlo un inmenso cartel luminoso. Y para entonces, por desgracia, a menudo es demasiado tarde.

Cuanto más joven es la mujer mayor es la fantasía

Ayer llamó a mi programa un padre furioso, preguntando cómo podría castigar a su hija de dieciséis años por haber perdido la virginidad. Lo supo por la abuela de la muchacha que leyó el diario íntimo por accidente (¿Cómo es posible que esto suceda?). Le respondí que sin duda dejarla una semana sin los juegos electrónicos no le daría el resultado que buscaba y que era necesario discutir más a fondo el problema; lo insté a ser más sensible y comprensivo. No creo que me haya escuchado, pero aun así quisiera compartir con vosotros lo que le expliqué:

Una vez que el sexo, en particular cuando se ejerce demasiado pronto, ingresa en la vida de una joven, ésta percibe la relación como algo mucho más significativo de lo que sería sin esa intimidad física.

Como lo expresó una mujer que llamó al programa: "Cometí un error al involucrarme sexualmente antes de conocer más a esa persona. A partir de entonces, como estábamos vinculados de manera íntima 'en ese aspecto', yo me sentí clavada en la situación."

Esta percepción se magnifica en las personas jóvenes por la falta de una identidad integrada, de experiencias de vida y por la mayor necesidad de dependencia.

¿Existe una edad ideal para comenzar las relaciones sexuales?

En la época en que Ronald Reagan tenía un programa de televisión, yo participé en una ocasión y entonces el señor Reagan me urgió a precisar a qué edad convenía que los jóvenes iniciaran su vida sexual. Mi respuesta, que por supuesto fue insatisfactoria para ese tipo de programa, fue que no teníamos que involucrarnos en ninguna actividad antes de estar lo bastante maduros para comprender, anticipar y aceptar las posibles consecuencias de nuestros actos. Sólo sería posible fijar una edad universal si todos los seres vivos maduraran a la misma edad y tuviesen una naturaleza idéntica. El meollo del problema consiste en que no sucede así.

Los ovarios, los testículos, los penes y las vaginas están en condiciones de funcionar mucho antes de que los individuos a los que pertenecen tengan la sabiduría y la madurez para hacerse responsables de las consecuencias: embarazos, enfermedades venéreas o sufrimiento emocional a causa de la decepción que produce considerar al sexo como el "pegamento" que sostiene una relación y también como la gracia salvadora para los temores ante la vida. Pero no sólo los adolescentes se apresuran con el sexo...

El sexo apresurado posterga la autoestima

Hilda, de veinticinco años, refiriéndose a las relaciones sexuales al comienzo mismo de establecer una pareja, dice: "Quiero sexo de inmediato para no conocerme a mí misma." El sexo apresurado posterga la autoestima.

Carolyn, de treinta y tres, lo comprende.

Carolyn tiene un hijo de tres años, producto del encuentro de una noche con un vecino. Afirma:

—En el mismo momento, supe que no era correcto. Y de todos modos, lo hice.

—¿Por qué? —pregunté, sin rodeos.

—Bueno, para ser honesta —respondió— me sentía sola, gorda, sin demasiados pretendientes y no tenía relaciones desde los dieciséis. Además, me sentía sola pues acababa de mudarme a un barrio nuevo. En resumen, en aquel momento me pareció bien.

—¿Y ahora? —pregunté.

—Ahora tengo un hijo maravilloso al que adoro, pero que no tiene padre.

Es obvio que el vacío emocional en la vida de Carolyne la llevó a cometer un acto impulsivo del que nació su hijo.

La cuestión básica es la autoestima

Joan, de cuarenta y dos, se preguntaba si debía llamar a un hombre con el que había salido durante un mes, y que dos semanas antes la dejó, asegurando que deseaba una relación más libre, sin exigencias ni compromisos. En otras palabras, quería gozar con ella de "diversión y risas", incluyendo el sexo, pero no una relación.

—Por un lado —se lamentó Joan— echaré de menos el sexo, y por otro, sé que no es bueno para mi autoestima.

Le pregunté:

—¿Qué es más importante?

—Bueno —respondió— en algunos momentos del mes... ¡el sexo!

Las dos reímos. Sin embargo, la conducta de Joan es característica de las mujeres: "Quiero sentirme bien. Quiero sentirme segura. Quiero ser amada y acariciada. Y lo quiero ya. Por lo tanto, tendré sexo de inmediato, y eso me asegurará lo demás. Y luego podré quejarme ante mis amigas y ante él por el modo en que me lastima."

Lo que puede hacerle el sexo apresurado

Antes de seguir adelante, quisiera puntualizar lo siguiente: cualquiera sea su edad, el sexo, una experiencia intensa y una fuerza impulsora, no tiene el poder de otorgarle valía personal ni hacer meritoria una relación. En realidad, sucede lo contrario: el sexo apresurado puede hacerla sentir aun más denigrada, desesperada... y terriblemente sola.

5

Convivencia por error

EL AUTOENGAÑO BASICO FEMENINO

Hace unos quince años, cuando comencé a trabajar en la radio, no era frecuente que alguien llamara para admitir que mantenía relaciones sexuales. Al parecer, se produjo una transformación de los valores y de las normas. En la actualidad, la convivencia fuera del matrimonio no trae aparejado ningún estigma.

La sabiduría convencional que apoya la convivencia antes del matrimonio se basa en que los miembros de la pareja tienen la posibilidad de conocerse mutuamente, hacer una elección más madura y sentar cimientos más sólidos que los hombres y las mujeres que se casan de manera apresurada.

¿Es posible que este modo de pensar sea erróneo?

¿La convivencia es el beso de la muerte para una relación?

Según el psicólogo, doctor David G. Myers, autor de *La persecución de la felicidad*, estudios recientes aseguran que las parejas que conviven antes del matrimonio sufren una tasa de

101

divorcio más elevada que las que no lo hacen. Tres investigaciones a nivel nacional lo confirman: una encuesta hecha en Estados Unidos sobre 13.000 adultos descubrió que las parejas que convivían antes del matrimonio tenían un tercio más de posibilidades de divorciarse o separarse en el término de una década. Una investigación nacional en Canadá llegó a la conclusión de que estas parejas se divorciaban en un 54% a los quince años del matrimonio. Y un estudio sueco realizado sobre 4.300 mujeres vinculaba la convivencia con un riesgo de divorcio del 80%.

¿Por qué jugar a la ruleta rusa con la vida?

¡Tanto usted como yo sabemos lo fácil que resulta desestimar esos datos! Podría limitarse a decir: "Pero mi situación es diferente."

Bien, en algunos casos, eso es cierto. Existen, suceden transiciones que se resuelven con éxito. Pero no es la regla. Y entonces, ¿por qué quiere, hasta ansía, jugar a la ruleta rusa con su vida? ¿Por qué? Por desesperación. Por temor de no conquistar a nadie... de no tener vida propia si un hombre no la quiere.

En las conversaciones telefónicas, siempre es capaz de admitirlo. ¿Y si pusiese ahorrarse el esfuerzo de descubrirlo a costa de usted misma?

Quizá la espera, el desarrollo hacia la madurez, la independencia y la seguridad en sí misma sean demasiado duros, en particular si es joven, si tiene necesidades y anhelas escapar de un pasado desdichado.

Yo le amo, pero no confío en él...

Jessica, una aspirante a bailarina de diecinueve años, provenía de una familia conflictiva en la que el padre había engañado a la madre. Ese entorno no la proveyó de seguridad y aumentó su desconfianza. A pesar de todo, vivía con un joven desde hacía cuatro meses y afirmaba amarlo, aunque no confiaba en su amor y en su fidelidad. Según lo expresó la misma Jessica, "anhelaba que sucediera algo hermoso", como por ejemplo, el matrimonio, como prueba del amor del novio.

Le expliqué que era muy insegura y que, en parte, lo que a menudo hacía que las jóvenes convivieran con un hombre prematuramente era la esperanza de que en asociación con el hombre (de preferencia, casándose), se sentirían mejor consigo mismas y con la vida. ¿Sabe una cosa?: nunca, jamás sucede de ese modo.

La convivencia como postergación de la madurez

El esfuerzo fundamental de Jessica debe dirigirse a edificar su autoestima y su preparación, pues de ese modo, cuando elija a alguien no lo hará por el apremio de curar las heridas del pasado. Esa elección debería hacerse en base al deseo de compartir su experiencia de vida. Por ese motivo no creo que la convivencia beneficie la madurez personal, en especial en casos como el de Jessica, a esa edad y con un pasado de pérdida y abandono.

Cuando la esperanza puede herirla

Todo en la vida tiene excepciones, infinitas combinaciones y cambios a experimentar. En general, se ingresa en la convivencia como lo hizo Jessica, con fantasías y esperanzas y una perspectiva que ni siquiera se confiesa a sí misma. Mirad si no cómo Jessica "anhelaba que sucediera algo hermoso". Es casi inevitable esperar inútilmente que ocurra algo mágico al convivir con un hombre.

Y Jessica no es la única. En algún momento, todos fantaseamos con ahorrarnos el pesado esfuerzo de crecer y fortalecernos.

Pero nadie puede ahorrar el esfuerzo si quiere vivir una vida plena. Cuando Jessica realice la tarea y aprenda a cuidar de sí misma, no tendrá que esperar que suceda algo hermoso: ella misma estará provocándolo.

Sólo usted puede forjar su propia felicidad

La frase es: "feliz para siempre". Todas crecimos creyendo en esa promesa. Y cuando una es desdichada, ¿qué remedio mejor que convivir con un hombre? El problema consiste en que no es tan fácil conquistar la felicidad... y no se trata de con quién estás, sino con quién está él (por ejemplo, con usted).

Sólo usted tiene el poder, el único poder para ser feliz. Cuando se arroja a ciegas a los brazos de un hombre, por lo general termina repitiendo el dolor del que intentaba huir. Ese es el motivo por el cual Jessica sufre la desconfianza hacia su hombre a pesar de lo que le dicta la intuición.

La negación y la convivencia

La negación es un factor importante en los arreglos de convivencia. Y las formas que adopta dicha negación, como verá en el transcurso de este capítulo, recorren la gama desde negar las propias necesidades y deseos hasta rehusarse a comprender las intenciones del hombre.

Cito a Jane, cuyas afirmaciones ilustran lo que acabo de decir: "Siento que él me ama, y sin embargo, se retrae", explica, en relación con el deseo del hombre con el que convive de hacer intercambios sexuales con otras parejas. Continúa en tono triste: "Yo haría ese sacrificio por él si supiera en qué situación estamos..."

¿No se casaría conmigo si me amara?

Si se va a vivir con un hombre sin saber qué es lo que siente, eso equivale a intentar obligarlo a sentir algo hacia usted. Eso es degradante y tonto. Es una puesta en escena.

Diana lo sabía. Tenía una pareja desde hacía más de un año y convivían desde hacía cinco meses. Aunque afirmó que mencionaban a menudo el matrimonio, una versión más verídica sería decir que la que hablaba al respecto era ella. La respuesta del amante a sus intentos era que, en efecto, quería casarse pero no sabía cuándo pues aún "no se sentía preparado".

Diana: —¿Crees que debería quedarme y esperar? Podrían pasar cinco o seis años.

Dra. Laura: —Diana, ¿estás segura de que lo interpretaste bien? Quizá no quiera casarse contigo. En realidad, no podemos saber lo que quiere decir al afirmar que no está preparado. Pero podemos comprender por qué te colocas en una situación tan frustrante. Convives para obtener una audiencia, esperando que te otorguen el papel de la novia. ¿Estoy en lo cierto?

—Hmm... sí.

—Sin embargo, no te lo otorgaron, y eso significa que tu plan no es eficaz. Mira, él está satisfecho pero tú no. Tú tienes la motivación para cambiar, él no. Las personas satisfechas no tienen aliciente para cambiar. ¿No te parece?

—Sí.

—Por lo tanto, la que tiene que cambiar eres tú. ¡Aléjate de esa situación! Puedes salir con él. Si te agrada, hazlo.

—Bueno, últimamente estuvimos hablando de esa posibilidad.

—Me parece sensato.

—También me dijo que podríamos recurrir a una terapia para conversar acerca de nuestra pareja.

—Eso está bien. No obstante, en este momento no me preocupa él, sino tú. Diana, termina con esa convivencia porque te hace sentir mal contigo misma. Esa es la razón por la que tendrías que terminarla. Te está haciendo daño. Prométeme que vas a pensar en lo que te he dicho.

—Por supuesto. Y gracias. En verdad, necesitaba escucharlo.

—¡Cuídate... y vete de ahí!

La convivencia no es prueba de crecimiento

A lo largo de esa conversación tuve la impresión de que la pareja de Diana tenía posibilidades sólidas pero que necesitaba tiempo y espacio para crecer. Ir a vivir juntos implicaría que el proceso de crecimiento ya se ha realizado. Pero si luego la situación no se ajusta a lo que la mujer supone que debería de ser, se siente desdichada.

Si él no me quiere, ¿qué estoy haciendo aquí?

Jean, de treinta años, estudiante de tiempo parcial y con ingresos independientes, convivía con el novio desde hacía un año y medio. Antes de eso, se había separado del esposo y no había salido con muchos hombres. Cuando conoció al hombre con el que convive, e intimaron, pensó: "Bueno, esta vez parece funcionar." "Como nos llevábamos bien, decidimos vivir juntos." A estas alturas, yo no imaginaba para qué había llamado.

A medida que Jean hablaba, la realidad de la situación se tornó inquietante. Jean no tenía hijos, pero los hijos del hombre, de diecisiete y trece años, vivían con ellos. No obstante, el padre era terminante, en ocasiones violento, con respecto a que Jean se mantuviese apartada de los hijos de él.

—¿Eso qué significa? —le pregunté—. ¿No puedes hablar con ellos, darles órdenes?

—Mi amante no quiere que participe en absoluto en la vida de los hijos —respondió—. Siempre repite: "Sólo quiero que me atiendas a mí. No te preocupes por ellos."

Todavía no comprendía bien el motivo de la llamada de Jean, hasta que esta mencionó que el hombre "tenía ataques", y le pedía que se fuera pero luego desistía. Cuando agregó:

—Intento convencerlo de que existen cosas importantes entre los dos.

Le repliqué:

—No puedes convencer a una persona de eso. Sólo él sabe lo que piensa y siente. Esa discusión es una pérdida de tiempo y es denigrante para ti.

—Sí, pero yo me digo: "Eso es lo que tengo que hacer, irme." ¿Qué estoy haciendo aquí si él no me quiere?

—¿Te das cuenta de que no te preguntas si tú quieres estar con él? Oh, estoy segura de que él quiere que te quedes. Sin duda le agrada el sexo, y me parece que eres una mujer agradable...

—Trato de que todos sean felices...

—¿Y tú, Jean? ¿Tú eres feliz? ¿El te hace feliz? ¿Puedo ser franca?

—Sí, por favor.

—Este arreglo es degradante para ti. Ese hombre no se comprometió contigo a largo plazo y sin embargo dejó bien claro cuál es tu papel: servirlo. Además, cada vez que tiene ganas, disfruta haciéndote sentir insegura. ¿Sabes por qué lo soportas? Porque estás demasiado asustada para estar sola. Agradeces el sometimiento porque te releva de tu responsabilidad.

—¿Ese es el motivo por el que sigo ahí? ¿Porque me asusta la responsabilidad?

—Claro. Dejas que el miedo te sobrepase. Jean, te vendiste. En ciertos aspectos, por ejemplo, el financiero, él se hace cargo de ti. Pero tú no te haces cargo de ti misma.

—Es cierto. Y eso tiene que cambiar.

—Así es. Jean: ¡cuídate a ti misma!

Convivir = resignarse

Mujeres: recordad que la autoestima se basa en el deseo de superar las dificultades y no rendirse. A menudo, como en el caso de Jean, la resignación adopta la forma de la convivencia. Es probable que el resultado se dé en dos sentidos: un techo bajo el cual vivir y un vacío en el corazón. Las mujeres necesitan saber que hay una alternativa distinta de la de venderse. Y tienen que poder emplear su coraje y su creatividad de modo que les permita elegir y no transformarse en mendigas.

No acepte menos

Con frecuencia, las mujeres me preguntan cómo lograr que un hombre las respete, que las trate con deferencia. Mi respuesta es siempre la misma: jamás aceptéis ni permitáis menos de lo que merecéis. Si vuestro hombre no es capaz de hacerlo, abandonadlo. Los cambios sólo provienen del interior de las personas. No obstante, algunas mujeres parecen no comprenderlo. Conservan la esperanza y siguen intentándolo, como Yolanda.

¡Creí que mi relación era monógama!

Yolanda, de treinta y ocho años, experta en servicios sociales, llamó para contar que el amante con quien convivía desde hacía tres años le confesó que había pasado el fin de semana con otra mujer. Al enterarse de que el novio la engañaba, se horrorizó ante el derrumbe de su fantasía de vivir una relación monógama.

Le señalé a Yolanda que al convivir con el hombre sin un compromiso previo, éste ya sabía algo fundamental acerca de ella: que no tenía que esforzarse demasiado para conquistarla. Entonces, la engaña, Yolanda sigue ahí y así se entera de otra cosa: tampoco tiene que esforzarse para conservarla. Y es inevitable que eso destruya el respeto por sí misma.

Yolanda conoció a un hombre agradable, un profesional educado que tenía cierto peso en el mundo. La insté a que se inclinara por el hombre adecuado, un hombre capaz de asumir un compromiso con ella, y agregué que no lo lograría mientras siguiera perdiendo tiempo a causa de la desesperación con un individuo al que no le interesaba complacerla a ella, sino sólo a sí mismo. Era evidente que Yolanda estaba furiosa y desilusionada con el amante y que tenía medios económicos para irse de casa. Espero que también tenga los recursos emocionales para hacerlo.

No se confunda: el compromiso es muy importante

Tal vez digas: "Gran cosa, un compromiso. Eso no impide que las personas abusen de una, sean infieles o simplemente irritantes. Los compromisos no evitan que las personas se abandonen unas a otras. Así que... no es gran cosa."

Sin embargo, las estadísticas demuestran que el compromiso es importante. Como dije en un capítulo anterior: "... comparado con las parejas que no conviven antes de casarse, que son las que tienen las tasas de divorcio más elevadas".

Una base sólida requiere tiempo, esfuerzo y sacrificio

He aquí una pregunta interesante: ¿por qué? Quizás en esta cuestión haya muchas fuerzas que concurren y necesitaría un libro entero para hablar de ellas, pero, en mi opinión los componentes principales son la madurez, la paciencia y la capacidad para posponer la gratificación.

Las personas que no están dispuestas a emplear el tiempo y el esfuerzo necesarios para sentar las bases de una relación, por lo general son las mismas que no persisten en el trabajo y el sacrificio para desarrollarla y hacerla funcionar.

El sexo apresurado, la convivencia sin un compromiso previo o planes de vida concertados son acciones características de la clase de personas inmaduras y ansiosas de placer inmediato. La inmadurez también se vincula con el hecho de no haber desarrollado la propia estima y la identidad que permitan conocer las auténticas necesidades y los verdaderos sentimientos.

Como está asustada, juega sobre "seguro". ¡Y así descubre que jugar sobre seguro no siempre otorga la mejor recompensa! Eso fue lo que descubrió Sharon.

¿Qué pasa cuando una desea una familia y él no?

Según me contó, en un principio Sharon decidió irse a vivir con el novio porque quería "conocerlo mejor". De hecho, en el transcurso de un par de años, la relación se volvió íntima. Sus palabras fueron: "Es la relación ideal. El es maravilloso conmigo y creo que yo también lo soy con él. Nos apoyamos uno a otro, tenemos mucho en común y disfrutamos de la mutua compañía." Entonces, ¿para qué llamó?

El conflicto residía en que Sharon se fue a vivir con él sin tener en mente el matrimonio, al menos de modo consciente, y no habían hablado del tema. Y en el presente, descubre que desea casarse, formar una familia, pero el amante no está dispuesto a afrontar mayores responsabilidades. Fue terminante al respecto. Para no revolver el avispero, Sharon aceptó posponer sus propios deseos, pero yo le advertí que a medida que pasara el tiempo se sentiría más frustrada y furiosa hacia el novio.

—Y eso no sería justo —le hice notar— pues tú decidiste en cada paso que habéis dado. Igual que muchas mujeres, te mentiste a ti misma imaginando que la relación evolucionaría. Ese es un riesgo calculado. Si puedes borrar de la mente la idea del matrimonio y los hijos, es una cosa. Pero si te engañas para no perder a tu hombre, cometes un error.

Pérdidas inmediatas / ganancias a largo plazo

Imagine las dolorosas opciones que enfrenta Sharon en este momento: cortar o no una relación satisfactoria, dejar a alguien que ama y cuya compañía disfruta para buscar a otro hombre que desee lo mismo que ella se atreve a soñar, el matrimonio y los hijos. La pérdida inmediata es evidente. Pero la ganancia a largo plazo es impredecible. Con frecuencia, cuando la mujer se atiene a la decisión de abandonar el barco, de pronto el hombre, que no quiere perderla, decide a su vez comenzar a remar con más energía.

Las buenas decisiones exigen objetividad

De cualquier manera, a medida que transcurre la vida y vamos creciendo, cambiando, madurando, es de esperar que se presente este tipo de encrucijadas. Es humano y natural. No debe sorprendernos. Se trata de la vida real y no es la cuestión que me preocupa. Lo que me preocupa es que, cuando una relación adquiere prematuramente elementos de sexualidad y convivencia, se hace más difícil emplear la objetividad que demandan las decisiones acertadas.

Se afana tanto en lograr que él la ame que olvida preguntarse si usted le ama

Las mujeres no deciden convivir con los hombres para controlarlos más de cerca. Lo hacen para sentirse protegidas, amadas, deseadas. Cuando una adopta este tipo de actitud, no puede preguntarte (menos aún en voz alta) si quiere a ese hombre, pues está demasiado preocupada por lograr que él la quiera a usted.

Las conductas controladoras, consentidas, egoístas, inseguras, destructivas, inmaduras e hirientes del hombre en cuestión se transforman en problemas a resolver más que en características a examinar para decidir si él es digno de su amor. Si ya está metida en la situación, es difícil formularse la pregunta más importante: ¿así es como quiero vivir el resto de mi vida?

Cambiar al compañero, un ejemplo de autoengaño

Susan me llamó para comentar el comportamiento inmaduro y manipulador del novio, ¡que ella estaba decidida a cambiar!

Dra. Laura: —¿Vives con él?

Susan: —Sí.

—Hiciste el amor demasiado pronto, y te fuiste a vivir con él prematuramente. Te enganchaste, y miras hacia el futuro. Pero en lugar de evaluarlo, haces preguntas infantiles acerca de cómo cambiarlo.

—Sí, creo que sí.

—El motivo de tu reacción es que tú misma armaste la situación y ahora te resulta difícil dar marcha atrás. Si sólo estuvieses saliendo con él, advertirías la hipersensibilidad y la inmadurez de tu pareja y lo dejarías... porque tendrías una vida propia de la que ocuparte. Al convivir y comprometerte, hacer lo debido se vuelve muy duro. Entonces recurres a un apósito en vez de utilizar un bisturí cuando se hace indispensable una cirugía mayor.

Salir con un hombre: alquiler con opción de compra

Se supone que las citas, no la convivencia, sirven para aprender y discernir. Es como un alquiler con opción de compra; ¡no practique sexo ni conviva de inmediato, pues convertiría el significado de las citas en un "arrendamiento con obligaciones prematuras"!

El regreso del pavor: "Pero yo..."

No invocamos nuestro antiguo "Pero él dijo..." desde los capítulos acerca de las citas y el amor como motivación para las elecciones tontas. Propongo que lo hagamos ahora.

Dana, una divorciada de treinta y tres años con dos hijos, llamó para comentar que pensaba cortar una relación de cinco años de duración. Vivía con los hijos y la pareja, y el hombre tenía un problema: él no se había divorciado.

—Durante varios años, mi pareja se fue y volvió varias veces —me dijo— y creo que es porque se siente culpable. Es muy católico. Yo no. Quizá sea una excusa... aunque de todos modos yo me siento como si fuese la directora: "¿Hablaste con el abogado? ¿Llamaste al terapeuta?"

Para empeorar la situación, la esposa no permite que los hijos le visiten y esto significa que cada vez que el hombre está con sus propios hijos los fines de semana, por ejemplo, Dana y sus hijas lo pasan muy mal.

—Y cuando está con nosotras es como si no estuviese porque se siente muy deprimido —agregó Dana—. Este año no hizo nada en el aspecto legal para resolver la situación.

Le pregunté por qué se había ido a vivir con él, en primer lugar, y me respondió:

—Porque él insistía en que todo iba a cambiar. Y... y yo le creí. —A lo cual yo repliqué:

—Es como si te zambulleras en una piscina porque él te dijera: "En algún momento estará llena de agua"... ¡en el mismo instante en que tú te golpeas contra el fondo!

De todos modos, en realidad no tiene a su hombre

Esto fue lo que aconsejé a Dana:

—En mi opinión, no importa lo que tu pareja haga para resolver su vida: tú y tus hijas tenéis que iros a vivir solas y encarar vuestra propia situación. Eso brindaría a tus hijas un clima mejor, en principio porque no creo que las decisiones que adoptaste sean saludables para ellas. Creo que para vosotras significaría un paso adelante. En especial, en lo que se refiere a la madurez y a la manera de encarar situaciones adultas de compromiso y de vínculos afectivos. Dana, ese hombre es débil y tú le facilitaste las cosas. A estas alturas tendrías que saber que las promesas no tienen ningún valor. De todos modos, hasta que él no resuelva su vida y demuestre fuerza, integridad y madurez para encararla, no cuentas con un auténtico hombre.

Me encantaría vivir con él... si no fuera por esas dudas persistentes

Cuando Nicole llamó, ya sabía que yo no estaba de acuerdo con la convivencia pero dijo, como muchas mujeres:

—Tenemos una relación bastante sólida.

Vaya una a saber lo que quería decir, pues cuando le pregunté sin rodeos:

—Nicole, ¿intentas convencerte a ti misma de ir a vivir con tu novio? —respondió:

—Bueno, me gustaría... pero una parte de mí todavía tiene dudas.

—Escucha a esa parte. Cuando los dos estéis preparados para asumir el compromiso, entonces hacedlo. La convivencia no sirve como imaginas para aprender a vivir en pareja. No puedo menos que decirte que me parece una idea estúpida. En lo que a mí respecta, sólo conviviría con un hombre si no quisiera casarme.

—Bueno, yo quiero casarme. Pero él dice que es un paso demasiado importante.

—Entonces, espera a que esté dispuesto a dar ese paso.

El compromiso es una afirmación social y también un compromiso interno. Si él no está preparado, no lo estará por el hecho de que vayáis a vivir juntos.

—¡Creo que yo ya lo sabía!

—Por cierto, antes de llamar ya conocías mi opinión al respecto. Creo que querías cierto tipo de confirmación. ¡Muy bien! Y no cambies de opinión si tu novio te hace mohínes. ¿De acuerdo?

—De acuerdo, gracias.

¡El es el que tendría que sentirse culpable, no usted!

¡El afirma que es un paso demasiado importante, y por eso Nicole debería de sentirse culpable y ambiciosa por desear una situación más sólida...! Mujeres: no permitáis que os culpen y os manipulen por motivos semejantes. No aceptéis la acusación de que sois manipuladoras. Los adultos tendrían que saber que las cosas buenas no se consiguen gratis. Desechad la palabra "compromiso" si se utiliza en el sentido de que tenéis que desistir de lo que os resulta más precioso para obtenerlo más adelante... quizás.

¡Seguro que lo lamentaréis... como le sucedió a Jackie!

¿Por qué mi compañero me hostiga sexualmente?

Jackie nos contó que su amante llevaba tres años acariciándole los pechos en momentos poco apropiados.

—Sólo lo hace en casa —se quejó— pero me vuelve loca. Por ejemplo, mientras estoy lavando los platos o camino por la casa, en lugar de darme un abrazo me aprieta los pechos. Si le digo que me molesta, me replica: "Muy bien, nunca volveré a tocarte." No sé qué hacer... no encuentro una solución.

La insté a explicarse, y Jackie admitió que en otra época ese comportamiento les producía placer a los dos, pero que ella misma había cambiado de actitud; terminó por confesar que se habían peleado porque ella quería que la relación pasara a una etapa más elevada que la simple convivencia. Por lo tanto, se irrita cuando el amante se toma ciertas libertades sin ceder a cambio en lo que Jackie desea: el matrimonio.

Observé lo siguiente:

—De modo que no se trata de los pechos... la cuestión es el compromiso. Lo que ocurre es que te sientes insultada porque estás a disposición de ese hombre, en una situación de perdedora, sin reciprocidad por parte de él. —Como asintió, la insté a que se fuera de la casa que compartían. Si lo deseaba, podría seguir saliendo con el amante, pero tendría que aclarar que en realidad quiere casarse con él y no le gustaría empezar a odiarlo... cosa que sin duda ocurriría si la situación siguiera como hasta ahora.

Jackie acepta intentar establecerse de forma independiente.

La convivencia y la madurez van de la mano

Resumiendo: las personas tienen problemas. No existen relaciones sin problemas. La cuestión consiste en saber si esas personas tienen la madurez suficiente y se comprometen a persistir para resolverlo juntos. O bien, si tienen la fuerza interior y el coraje para admitir un error y cortar la relación. Ahí reside la diferencia.

Un arreglo para convivir no necesariamente trae consigo semejante compromiso ni representa un paso en esa dirección. Más bien se trata de una conveniencia y una fantasía; por lo general, lo primero referido a los hombres y lo segundo a las mujeres. Como sin duda habréis adivinado, yo estoy en contra de ese tipo de arreglos. Seamos prácticos: las estadísticas confirman que la convivencia no asegura un matrimonio sólido y duradero, quizá porque la actitud de uno de los miembros de la pareja podría traducirse en: "Veamos si me gusta esta vida todos los días", y la del otro en: "Tendré cuidado, para que hoy no se enfade conmigo." El drama surge cuando la sexualidad cotidiana hace aparecer a un niño en esta situación. Por lo general, ese niño termina siendo el producto de un hogar destruido sin haberse concretado siquiera.

El amor es mucho más que pasión

Las parejas tienen problemas, pues. No obstante, pueden superarlos con madurez, cariño y compromiso. Esas son las relaciones que duran y se convierten en amor. Porque el amor no es instantáneo. Lleva años resolver problemas juntos, crecer y alimentar el crecimiento del otro. Es eso lo que se transforma en amor, e involucra mucho más que pasión. Requiere compromiso.

P.S.: Disculpadme que exhiba una gratificación personal.

El día de la madre recibí esta carta de una madre feliz:

"Después de escucharla a usted, mi hija de veintitrés años se decidió por el matrimonio en lugar de un arreglo de convivencia."

Como se dice por ahí, con esa carta, tuve el día completo.

6

Expectativas desatinadas

Este interrogante va dirigido a las mujeres que se casaron con "el hombre de sus sueños" y luego sintieron como si estuviesen viviendo una eterna pesadilla:

Pregunta: ¿Por qué las mismas cualidades que la subyugaron durante el noviazgo ahora la repelen como si fuesen un tarro con gusanos?

Respuesta: Es simple. Está desilusionada. De alguna manera, las fantasías y las esperanzas se volvieron amenazantes.

¿Interpretó mal la letra pequeña?

¿Se justifica la desilusión? Sólo en los raros casos en que el hombre lanza la carnada y luego cambia, en que tese novio "Dr. Jekyll" se convierte en un esposo "Mr. Hyde".

Lo más corriente es que las mujeres hayan leído la letra pequeña, pero más tarde se vean abatidas por los agujeros negros de antiguas heridas emocionales.

En otras palabras, le elegió basada en sus propias nece-

117

sidades insatisfechas y anhelos frustrados. Y luego le odia por las mismas razones.

¿Qué opina de eso?

¿Todas las decepciones son errores?

¡Sorpresa: la respuesta es no!

La decepción puede ser una magnífica oportunidad para el crecimiento personal y la cicatrización de las heridas infantiles... siempre que esté dispuesta a asumir la responsabilidad y a soportar las angustias del cambio.

Los riesgos de aferrarse al pasado

Les contaré la historia de Kenny y Maureen, para ejemplificar.

Maureen me pidió una entrevista, preocupada porque su hijo, de dieciséis meses, "se porta mal". Comprendí que el niño era la excusa de Maureen para hacer terapia, y le sugerí que también llevara al esposo a la sesión. La joven pareja llegó puntual, con su adorable hijo en brazos. De inmediato reconocí el "problema" de la criatura —inquietud permanente, llanto, nerviosismo— como una respuesta a la perpetua inquietud, los llantos y el nerviosismo de su madre y su padre.

Atracción elemental

Maureen provenía de una familia sureña muy pobre e inestable, cuadro que se completaba con las ausencias reiteradas del padre. Era una verdadera Blanche DuBois, de expresión infantil, llorosa, ansiosa y muy desdichada. La queja más seria con respecto a Kenny se refería a (¡estaba tan furiosa que no podía decir el nombre!) la frialdad, a que discutía continuamente, la criticaba, era autoritario y poco afectuoso.

Por otro lado, Kenny pertenecía a una familia sumamente estable y patriarcal, que no valoraba demasiado ningún logro que no se orientara hacia un éxito concreto. Se quejaba de que Maureen era exageradamente sentimental, frívola, incompetente con respecto a la responsabilidad adulta (como por ejemplo, ser incapaz de controlar los gastos de la casa) y, en general, inmadura.

El niño, sentado en el regazo de Maureen, se inquietaba cada vez más (en sesiones posteriores no lo incluimos), hasta que por fin la madre pronunció estas tristes palabras:

—Creo que quiero divorciarme.

Formar un vínculo para curar las heridas de la infancia

La angustia de esta pareja me recordó el mecanismo subyacente, quizás inconsciente, por medio del cual nos vinculamos con la esperanza de curar las heridas de la infancia. Y no me repliquéis con que "eso no tiene nada que ver porque ya soy mayor". Todos somos un mosaico de cada momento y experiencia de nuestras vidas.

Claro que la significación y la magnitud del impacto de cada experiencia de vida depende de nuestra propia interpretación que, a su vez, deviene de la vulnerabilidad individual, como así también del apoyo con que contamos y del grado de salud de nuestro ambiente. En otras palabras, lo que para uno puede resultar un trauma, para otro sólo sería una vivencia triste, dolorosa, angustiosa que hay que superar, y seguir adelante.

Prioridades opuestas

A través de las sesiones, observé que para Kenny lo más importante era la ética, la responsabilidad, el actuar con corrección. Consideraba los temas relacionados con las emociones, el espíritu, la filosofía e incluso las relaciones como "cosas que estaban de paso". Se concentraba sólo en los valores que satisfarían a su padre, sin prestar atención a lo que el mismo Kenny sintiera o necesitara.

La prioridad de Maureen, en cambio, consistía en mantener el vínculo y conservar lo que ella consideraba seguridad. Para ella, las cuestiones de voluntad, opinión, metas personales y destreza eran "cosas que estaban de paso". Se concentraba en eludir los traumas que habían dominado su vida emocional desde la infancia.

Qué le dije a Kenny

—No te permites ponerte en contacto con tu parte tierna, dependiente, necesitada, emotiva. Estoy convencida de que eso se debe a que tu padre no admitía que esa parte existiera en cada uno de los seres humanos. Hasta era capaz de castigarte si te atrevías a manifestarla. Kenny, ¿comprendes acaso que vives sin advertir que todavía estás programado para complacer a tu padre? Te casaste con Maureen porque ella corporizaba la satisfacción, la fuente y la expresión de esas partes tabú de ti mismo. De otro modo, ¿por qué habrías elegido a una persona que, en tu opinión, posee todo eso que desdeñas? Además, la aparente debilidad de tu esposa te hace sentirte seguro porque es evidente que te necesita mucho. Kenny, una vez que logramos aceptarnos a nosotros mismos, ya no tratamos de desacreditar partes nuestras, ¿no es cierto?

Qué le dije a Maureen

—Tu inseguridad personal es una reacción al abandono reiterado y a la consiguiente inseguridad que marcaron tu infancia. Creo que tu temor de no tener un padre, o incluso de carecer de alimentos, te obligó a adaptarte para no sufrir lo mismo en tu vida adulta. Por eso te casaste con el Señor Responsable. Ahora puedes saber cuándo viene y cuando se va, qué hace, y eso te pone entre la espada y la pared. Ese es un motivo poderoso que te impide encarar tu crecimiento personal. Pues eso te haría autónoma y lo que tú anhelas es la dependencia, de forma que pudieras retener a papá esta vez. Bueno, Maureen, querías un hombre fuerte con quien contar, y ya lo tienes.

Qué les dije a ambos

—Los dos encontrasteis lo que esperabais y necesitabais de un compañero. ¡En ese sentido, elegisteis bien! Sin embargo, el dolor que originó esta elección no se alivió. Y eso os provoca tanta decepción y confusión que termináis por culparos uno al otro como si la herida fuese actual.

"A estas alturas, la cuestión sería —continué— no cómo os vais a divorciar. Tendría que ser cómo cada uno de vosotros se ha divorciado de partes importantes de sí mismo por necesidad de un padre o de una madre. Ambos sois adultos y debéis aceptar esa pérdida, sea emocional o real. Al hacerlo, adoptaréis un papel más responsable en el dar y el recibir, con un equilibrio y un estilo de conducta más saludables. En este momento, los dos cumplís sólo papeles mínimos y permanentes.

La clave es el apoyo mutuo

Me alegra informaros de que, como resultado del trabajo en común, Kenny comenzó a permitir que Maureen fuese con él maternal y amorosa, mientras que ésta asumió mayores responsabilidades. Apoyaron cada uno el crecimiento del otro y están satisfechos con los resultados propios y ajenos. ¡Y el niño está más tranquilo!

Dependencia masculina: la otra cara de la moneda

Debe comprender que, así como usted es consciente de su baja autoestima y de su dependencia, tal vez el hombre de su vida también las sufra, sólo que las manifiesta de un modo diferente. Maureen y Kenny son ejemplos básicos de esto.

Las mujeres dependientes suelen quejarse por todo y ser pesadas, mientras que los hombres se vuelven bravucones y autoritarios. Pero estas conductas son en realidad dos caras de la misma moneda. Las personas con poca autoestima tienden a nivelarse en la elección de pareja, por lo tanto no debe suponer que su hombre es superior a usted, pues es probable que sea el otro yo disimulado... ¡y padezca el mismo problema que usted!

Cuando Maureen eligió a Kenny para evitar las heridas de la infancia, renunció a su necesidad de crecimiento personal y de energía. Creyó odiar a Kenny porque la sometía. Lo que en verdad ocurría era que ella negoció ser inferior a cambio de no quedarse sola. Es comprensible que se odiara a sí misma. Es frecuente negar, ignorar o no comprender que uno se odia a sí mismo... y traslada ese odio al compañero.

Si sabe lo que le conviene, pero hace lo contrario...
¡no se queje de la decepción!

¿Cómo puede saber que está metiéndote en una de esas situaciones sin salida? En realidad, es fácil. A raíz de conversaciones que sostuve con mujeres a lo largo de años, tengo la clara impresión de que usted lo sabe... y de todos modos lo hace.

Cuando llamó, Lila me contó enseguida que había entablado una relación a larga distancia. Vivía en Los Angeles, y el novio en el norte de California, y viajaban a una y otra ciudad desde hacía un año. Estaban en un punto en que sólo cabía una decisión: o rompían o pasaban más tiempo juntos para probar la solidez de los sentimientos mutuos.

Lila, de treinta y ocho años, aseguró que estaba harta de estar sola, de vivir sola, de sentirse sola. Llevaba una vida profesional satisfactoria y tenía buenos amigos, aunque no le resultaban un sustituto adecuado de un hogar y una familia. En los últimos tiempos ella y el novio decidieron vivir juntos, lo cual significaba que era Lila la que se mudaría. Pero ahora comenzaba a experimentar dudas acerca del hombre y de la relación misma: se preguntaba si estaba engañándose a sí misma y lo había elegido sólo a causa de la soledad.

Dra. Laura: —¿Qué rasgo de él te provoca estas dudas?

Lila: —Lo que más me molesta es que sea una persona fría y distante.

—¿Y crees que te sentirás sola también estando con él? Bueno, querida, me parece que no sería una buena decisión.

—Bueno... tenemos muchas cosas en común y, sin embargo, creo que cuando yo no me esfuerzo por lograr cierta intimidad, sencillamente no la tenemos. Pero ocurre que no he conocido demasiados hombres de mi edad con los que pudiera casarme, ¿sabes?

—¡Aun así, no tendrías que elegir a un hombre por descarte! Te aseguro que todos tenemos limitaciones, pero una persona fría y distante... ¡no creo que pueda estar en la lista de prioridades!

—Hmmm... sí...

—¿Acaso tu pareja te recuerda a tu padre o a tu madre?

—A mi padre, por ser poco afectuoso.

—Lila, es frecuente que las mujeres elijan una réplica del "querido papá", pues la felicidad esencial parecería consistir en que de verdad papá cambie y se convierta en alguien realmente "querido" y que nos brinde cariño. Entonces, para cumplir ese sueño, intentamos hacer que esa réplica cambie o esperamos que lo haga.

—Algo en mi novio me hace sentir como "en casa", y no sé si se trata de algo positivo. Sin embargo, nunca pasamos suficiente tiempo juntos como para que nuestra relación pueda ser considerada auténtica.

—Por favor, no te vayas a vivir con él. Yo apoyaría tu mudanza sólo en el caso de que tú contaras con fondos propios, aunque fuesen modestos, y de que lo convencieras de hacer terapia de pareja.

—Gracias, Laura.

Me preocupa la posibilidad de que Lila dé tanto de sí para intentar que la relación funcione, pues el sacrificio crea la urgencia de lograr que esa pareja tenga éxito. ¡Y la objetividad se va al demonio! Recuerde que los cambios necesitan una motivación. Al novio de Lila le aguarda una sorpresa mayúscula cuando ella le diga que no está satisfecha con el presente estado de la relación. ¿Se sentirá incentivado para cambiar? Es un gran riesgo.

La fijación en papá y mamá

Esta tendencia de las mujeres a buscar al papá también ocurre con respecto a la mamá.

Kathy, de cuarenta años, describió de esta manera su relación premarital: antes de la boda, el hombre repitió constantemente la actitud de acercarse y alejarse y esa conducta continuó después de la boda.

Le pregunté a Kathy si había padecido de un afecto discontinuo durante la infancia, y ella me relató que el padre la había abandonado y la madre estaba ausente con frecuencia, con períodos intermitentes de cariño. Acerté al suponer que tanto Kathy como el esposo tenían dificultades con respecto al compromiso y a la intimidad.

El mecanismo era el siguiente: Kathy rechazaba por instinto la herida causada por el abandono y esto la llevó a unirse a un hombre que se alejaba y se acercaba desde el punto de vista afectivo, tendiendo a reproducir el abandono infantil sufrido por Kathy. Por irónico que parezca, esto le dio la posibilidad de sentirse segura. Como el amor de ese hombre era tan intermitente, eso le daba una justificación para no acercarse demasiado y no sufrir así la degradación emocional. Al mismo tiempo, la situación le brindaba la oportunidad de superar la historia de desamor infantil.

Al afirmar que "le odio", no comprende que en realidad odia a la madre y al padre. No advierte que ese odio es un reflejo de la angustia de no ser digna de afecto.

Ciega por el dolor

Es asombrosa la ceguera que puede llegar a tener hacia el temor profundo a la herida que podría provocar la intimidad. Esa ceguera es tan intensa que la lleva a odiarlo a él por la falta de proximidad de la vida en común. Esta actitud resulta ser una manera de no enfrentar, de no asumir la responsabilidad hacia las heridas interiores y también un medio de protegerse de la posibilidad de que esas antiguas heridas se repitan.

Una interlocutora llamada Mary parecía sufrir esta clase de ceguera. También tenía treinta y ocho años y nunca se había casado pero mantenía relaciones con un hombre desde hacía ocho años. Según sus propias palabras, el hombre "por fin accedió a que nos casemos".

Dra. Laura: —¿"Por fin" accedió?

Mary: —En todos estos años, en varias ocasiones dijo que nos casaríamos pero siempre se echaba atrás. Por lo tanto, ahora me siento un tanto aprehensiva. Por otra parte, no sé por qué no disfruto de nuestra vida sexual.

—A ver, ayúdame un poco... yo no estoy en tu dormitorio. ¿Qué es lo que no te agrada?

—Hmmm, creo que me retraigo en el aspecto emocional... por temor a que mis sentimientos resulten lastimados.

—¿Dices que no quieres que hieran tus sentimientos y

estás con un individuo que se especializa en mantenerte en la zozobra? Creo que no tienes miedo de que no se case contigo... ¡sino de que lo haga!

—Nunca lo había visto desde esa perspectiva.

—Mary, ¿sabes lo que creo? Que el problema no es con él sino contigo. Mantienes esa relación para protegerte a ti misma. Te proteges retrayendo tus emociones, negándote al matrimonio. Si quieres que la situación cambie, tendrás que ser valiente y echar una mirada a tu vida desde una perspectiva segura.

Mary respondió indignada: —¡No soy yo la que crea distancia entre nosotros sino él!

—¡Querida, tú lo elegiste! Te metiste en esta situación para protegerte. Y esto es lo que lograste. La terapia podría ayudarte a resolverlo.

—Laura, aprecio que hayas sido tan directa, gracias.

Y aquí está el quid de la cuestión: elige a un hombre que le permita revivir las partes más dolorosas de su historia personal o protegerse mejor y no volver a ser herida del mismo modo. ¡Es inevitable que termine odiando a su pareja por los mismos motivos!

Elecciones inconscientes versus necesidades conscientes

He aquí otro ejemplo de situación marital en la que no advierte lo bien que ha elegido, pero se siente confundida cuando dicha elección no parece ajustarse a sus necesidades conscientes.

En cuanto salió al aire, Ellen, de poco más de treinta años, declaró que quería comentar la influencia de los padres sobre los hijos ya adultos. Lo que en realidad quería era hablar de su esposo. El pertenecía a una familia acomodada con la que había vivido hasta los veintinueve años y tenía un hermano ya establecido por su cuenta. En cambio, el esposo de Ellen no había logrado aún nada que valiera la pena, y por cierto nada similar a la propia Ellen, que tenía un importante puesto en el nivel gerencial.

Cuando se casaron, el suegro de Ellen se comprometió a regalarles una casa.

—Estuvimos buscando mucho tiempo —me dijo— y cada vez que le enseñábamos una, mi suegro le encontraba algún defecto y no nos daba el dinero. —De esa manera, el padre disminuyó y frustró al hijo, balanceando el dinero ante él y rehusándolo luego, cuando parecía a punto de acceder. El hijo, temeroso de enfrentar al padre a pesar de la insistencia de Ellen, descargó la frustración sobre la esposa.

Mi esposo, el hijo

Ellen sabía que estaba casada con un niñito, no con un adulto. Lo que no sabía era cómo lograr que creciera. Por desgracia, como le dije, es más fácil elegir bien que cambiar a la otra persona. Bajo esa perspectiva, la esperanza de Ellen de que el marido se comportara de manera responsable, resultaba descabellada. Durante los cinco años que estuvieron casados, no fue una esposa sino la madre de un adulto niño. Y me pregunté qué circunstancia de su propia infancia la había conducido por ese camino.

Resultó que el padre de Ellen, viajante de comercio, estaba ausente con frecuencia y la madre, que prefería al hermano, fue dura y severa con ella. Ahora todo comenzaba a cobrar sentido.

Al elegir a un hombre sin ambiciones, Ellen se aseguraba de que no anduviese por ahí como lo había hecho el padre. Y también tuvo en cuenta que ese hombre retrocedía ante un enfrentamiento y sólo expresaba su furia "saliéndose de las casillas"; se aseguraba así de que fuese lo bastante débil y asustadizo para no maltratarla como lo había hecho la madre.

Lo que hizo Ellen fue tomar dos conflictos de la niñez que ya no existían en la realidad, pero sí como dolor en su alma, e intentar resolverlos a través de la elección de un compañero. Y no sólo no había resuelto esos conflictos sino que había creado uno nuevo como adulta. Y el problema real consistía en que no logró obligar a su esposo a que se enfrentara con su padre ni tampoco logró impulsarlo hacia la madurez.

¿Sabe cuál es el problema de casarse para protegerse de las heridas del pasado? Que de ese modo usted provoca un conflicto aquí y ahora. Si bien nuestra historia nos enfrenta con desafíos contra los cuales luchar de manera creativa, no vivimos en la historia, a menos que optemos por la alternativa de Ellen. Es como si se casara en un tiempo distorsionado. Está tan ocupada en el ayer que no ve el presente y el futuro.

No existen atajos para lograr la autoestima

La autoestima es uno de los temas más frecuentes en la literatura de autoayuda para las mujeres, y también en este libro. Si somos realistas, sabremos que no existen atajos hacia la construcción de la autoestima... ¡pero eso no impide que muchas de nosotras lo intentemos! Es cierto que en ocasiones se puede tener buena suerte, pero la mayoría de las veces no es así. Consideremos uno de esos atajos en particular: casarse sin apreciarse demasiado a una misma y esperar que sir Galahad lo resuelva. ¡Y pobre de él si no lo logra... pues sin duda le odiará!

La versión "Disney"

Susan, de veintinueve años, afirmó que la hacía sentir insignificante escuchar a otras mujeres que llamaban por teléfono y que esperaba que yo la ayudara a lidiar con su inseguridad y su poca autoestima. Tuvo la esperanza de que el marido la ayudara pero esa esperanza sólo le causó muchos problemas.

Cuando le pregunté de qué forma esperaba que él la ayudara, respondió que no lo sabía, que imaginaba que el esposo podía agitar una varita mágica y decirle todo lo que ella ansiaba escuchar. Pero él no quiso, o no pudo. Fuera lo que fuese, Susan estaba furiosa.

Dra. Laura: —Nosotras, las mujeres, hemos visto muchas películas de Walt Disney cuando éramos niñas y a consecuencia de ello cargamos a los hombres con una tremenda responsabilidad: si no son todo lo que deseamos y no nos proveen de todo, nos enfurecemos y los regañamos.

Susan: —Sí.

—¿Te das cuenta de que saliste al aire proclamando que te sentías insignificante? ¿Cómo llegaste a sentirte así? Intenta responder sin mezclar a otras personas.

—Bueno, eso es difícil...

—¿Lo ves?

—Hmmm... creo que no hice nada en mi vida que afirme mi valoración personal.

—¿Y qué piensas hacer para afirmar esa valoración? Advierte que no dije "a quién".

Susan continúa después de una pausa reflexiva: —Soy una buena madre. Tengo un hijo de cinco años y medio y dedico mucho tiempo y esfuerzo a leer y a tratar de ser una madre perfecta...

—¡Eso es un error! Lo que necesitas es ser una madre lo mejor posible: atenta, cariñosa y sensible. Ninguna madre es perfecta. Mientras intentes ser perfecta seguirás sintiéndote insignificante a tus propios ojos.

—No se me había ocurrido.

—Desiste de perseguir la perfección. Si yo no soy perfecta, ¿por qué tendrías que serlo tú? —Ambas reímos.— Esta es tu tarea: piensa qué podría brindar a tu vida ese valor que anhelas y que te convenza a ti... a nadie más. Luego, vuelve a llamarme. ¿De acuerdo?

—¡De acuerdo!

Fíjese qué argumento más interesante: no se esfuerza por su propia persona y por su bienestar. En lugar de eso, proyecta esa responsabilidad sobre su esposo, y luego le odia porque, aun así, no se siente bien con usted misma.

¿Qué sucede cuando él deja de hacerse cargo de todo y comienza a mandar?

Es frecuente que una mujer joven intente facilitar el paso a la edad madura casándose con un hombre mayor.

Heather, de veintiuno, está casada desde hace tres años y

tiene dos hijos con un hombre... ¡que vive una relación homo-
sexual en su propia casa! Para casarse con este hombre, diez
años mayor que ella, Heather dejó la escuela secundaria y a la
familia, que vivía en el Medio Oeste, suponiendo que él "se
haría cargo de todo" y, de ese modo, la haría sentirse más segura y establecida.

Después del matrimonio, esa supuesta responsabilidad
se convirtió en autoritarismo. En bien de los niños, Heather se
preocupó por deshacerse del otro sujeto, imaginando que eso
lo resolvería todo. Sin embargo, yo lo dudo.

El mito del poder masculino

Este conflicto relacionado con los hombres autoritarios
siempre se da en mujeres temerosas de la vida. Al princpio,
consideran a ese hombre como una fuente de seguridad que les
recuerda a su padre... quizás hasta lo consideren atractivo porque representa el poder masculino. Cuando hacemos este tipo
de elección, es inevitable que crezcamos y comencemos a tener cierto poder propio, con lo cual nos convertiríamos en la
hija adolescente que se rebela contra el padre rígido... al cual
odiamos.

Briana iba por ese camino.

Por qué nos atrae el tipo de hombre autoritario

El novio quería casarse con Briana, pero ella tenía dudas, porque él era oficial de policía, tenía un horario de trabajo
muy irregular y esperaba que ella estuviera siempre en casa
mientras él trabajaba. Al interrogarla, me aseguró que el comportamiento autoritario de su marido no le resultaba romántico
ni una señal de respeto, amor o consideración sino como una
indicación de la inseguridad del sujeto.

Cuando Briana me preguntó si no creía que el novio
necesitaba ayuda profesional, le respondí que se concentra-
ra en su propia inseguridad. Pareció sorprendida e insistió
en que no era ella la que tenía problemas. No obstante, así

era. Había elegido como pareja a un tipo autoritario. Así como el agua busca su propio nivel, ella se vinculó con una persona autoritaria que resultaba ser, en el fondo, tan insegura como ella misma.

Hasta el final de la conversación, Briana siguió insistiendo en que "todo lo demás es magnífico... sólo que él necesita controlarme" y suponía que (esperaba que) el matrimonio terminaría por resolver el problema. Me imaginaba a Briana esforzándose por que todo marchara bien, expresando las características frases de negación: "todo lo demás es maravilloso" y "Quizás él deje de hacerlo cuando nos casemos". Por lo general, lo primero que se piensa es: "No es nada." Luego: "Ya se le pasará." El tercer pensamiento es: "Yo lo arreglaré." Y el último: "¿Cómo me metí en esto?"

La actitud de "pájaro en mano"

En la elección de pareja hay mucho de asegurarse de tener "el pájaro en mano". Tomemos como ejemplo a Melanie. Hacía nueve meses que estaba casada, después de haber salido con su futuro esposo durante cinco años. Antes de casarse, él vivió con un grupo de hombres solteros que, según palabras de Melanie, "siempre estaban fumando marihuana, bebiendo, y haciendo todas esas cosas que hacen los solteros". Aseguró que había tenido pésimas influencias y que el matrimonio no logró desvanecerlas. ¡Melanie llevaba la negación al máximo extremo!

Dra. Laura: —No dejó de drogarse y de beber, y tampoco piensa hacerlo, ¿verdad?

Melanie: Silencio.

—No tendrías que haber esperado que dejara de hacerlo.

—Creo que en el fondo no lo esperaba. Pero yo le dije cuánto me dolía y que pensaba que también le hacía daño a él, que cuando se excedía a mí se me desgarraba el corazón.

—Sin embargo, a él no le importa.

—No. No sé qué hacer para que deje de drogarse.

—Nada.

—Intenté convencerlo de que fuese a...

—No me has escuchado. He dicho que no puedes hacer nada. Tu esposo no tiene motivos para cambiar... nunca los tuvo.

—No está bien que lo haga.

—Para serte sincera, pienso que tampoco estuvo bien que te casaras con él esperando que se transformara en otra persona... Melanie, la elección es... fue tuya. Del mismo modo, él es quien decide cómo comportarse.

Repetición instantánea: por qué no abandona una causa perdida

La aparente mala decisión de Melanie podría ser la culminación de su búsqueda de pruebas con respecto a su valía personal y a su capacidad de ser amada. Sé que parece muy regresivo, pero si usted tuvo un padre difícil, distante, egocéntrico, adicto, o lo que fuera, una forma aparente de repetirlo es encontrar a una persona con las mismas características y tratar de cambiarlo para probar su propio valor y que es digna de amor... como si fuese una repetición demorada. Por cierto, esto explicaría esa "elección" que parece haber sido tan errónea y ayuda a comprender por qué se aferra a ella con semejante tenacidad.

Y quizás en ocasiones crea que es mejor unirse a una persona enferma que comenzar de nuevo... o incluso llegar más alto de lo que imaginas poder llegar.

Si se casa para sentirte completa... puede acabar rota en pedazos

Hasta ahora, he explicado el mecanismo según el cual usted se casa con un hombre y luego le odia porque no ha reparado de manera mágica las heridas de su infancia ni la ayudó a superar sus temores ante la vida, ni alivió el dolor que estos provocan.

Pero también existen muchas mujeres que se casan para sentirse completas. Y el resultado de esta actitud es el odio.

131

Parece odio pero es envidia

Marge se ve a sí misma como una persona "melancólica, sensible y tranquila, que pone a todo el mundo antes que a sí misma". Luego, con evidente desprecio, describe al esposo como un tipo egocéntrico que siempre se pone primero que a nadie. Cuando le pedí que volviese a describirlo dejando de lado los insultos, como a una persona directa, interesada, activa, que perseguía sus propias metas, admitió que así era.

El modo peyorativo en que Marge caracterizó a su esposo indica que ella ambiciona esas cualidades que ve en él pero no se atreve a tratar de alcanzarlas. Le insinué que sentía mucha envidia, y que si se animara a arriesgarse y a esforzarse en beneficio de su propia vida, él no le parecería tan espantoso. Y de ese modo, estaría más satisfecha consigo misma.

En otras palabras, las mujeres solemos buscar el equilibrio en nuestras vidas a través del matrimonio con alguien equilibrado que buscándolo en nosotras mismas. No resulta así, sino que provoca desequilibrio en dos lugares. En una, por buscar la plenitud fuera de una misma, en el hombre que se elige. Y también está en la relación, porque tanto usted como su esposo se sitúan en esos dos extremos opuestos.

El: la parte inaceptable de él

Tal vez a causa de viejas expectativas paternas y de la necesidad de aprobación, usted toma las partes de sí misma que no puede aceptar y busca a alguien que represente esas partes. Eso significaría que usted es buena y él no. El problema es que lo buscó con tanto afán, pero luego le odia.

¡Porque ese ser al que odia es en verdad esa parte de usted que no quiere aceptar!

Esa actitud de "yo soy buena porque él no lo es", resulta una trampa. Heidi, una enfermera de veintinueve años, llamó para presentar una queja en apariencia razonable contra el que era su esposo desde hacía siete años: es obeso. Mide casi un metro noventa centímetros, y pesa 136 kilos.

En la primera de las dos conversaciones que mantuvimos, se quejó de la perspectiva de que su vida quedara atada al cuidado de un semiinválido. Siendo enfermera, comprende bien las consecuencias del sobrepeso para la salud.

Le pregunté más detalles de su historia, y me contó que los padres eran alcohólicos y que había tenido que quedarse a menudo en la casa para cuidarlos. Asumiendo un gran riesgo, le insinué que tal vez, si el esposo perdía el exceso de peso, ella en realidad lo echaría de menos.

Mis palabras la entristecieron, hasta la apabullaron, pero aceptó pensar en ellas y volver a llamar a la semana siguiente. Y lo hizo.

¡Sí, se puede volver a empezar!

Heidi confesó que admitir esos sentimientos era en exceso doloroso, a la vez que revelador, pues comprendía que la obesidad del esposo le daba tres cosas: el papel de cuidadora, autoridad, y excusas para quejarse. Ahora entendía que si el marido adelgazara, ella corría el riesgo de perder el control y de no sentirse superior. Lo más importante: temía no satisfacer las expectativas del marido hacia ella.

Sin lugar a dudas, las confesiones de Heidi resultaban el trabajo más intenso que había escuchado jamás, tanto en el programa como en la consulta, y lo había hecho por sí misma. ¡Qué logro! ¡Y qué buen comienzo para el crecimiento personal... y apuesto que también para convencer al marido de que se pusiera a dieta!

Nadie es perfecto... incluido su compañero

Heidi necesitaba odiar al esposo para sentirse mejor consigo misma. Eso significa que no solemos odiar al odio. ¡De hecho, se convierte en una preciada posesión! De cualquier forma, en ocasiones usted no puede menos que aceptar que ningún hombre es perfecto... y eso significa que usted tampoco tiene que serlo.

Si quiere un gatito que ronronee,
no se case con un elefante

A veces odia a su hombre aunque le dé lo que desea, porque no se le brinda del modo que quiere. Este tipo de melindres es una actitud que se podría definir como "escupir hacia el cielo".

Janine tiene un niño de dos años y se siente casi todo el tiempo agotada. Está furiosa porque el esposo no tiene interés en recostarse con ella un anochecer, bajo las estrellas, para conversar. Le pregunté si alguna vez había sido un tipo romántico y respondió:

—No, pero...

Es ese "pero" el que le crea a usted dificultades. ¡Si la respuesta es no, que sea no! El esposo no la rechazó: le sugirió que se apoltronaran en el sofá a ver la televisión. Pero esto no coincidía con la imagen romántica de Janine. Se había casado con un buen hombre, práctico y con inclinación hacia la mecánica más que a las artes. Y eso está bien. Cuando usted presiona a un hombre para que sea diferente de lo que es, lo rebaja. Y así se queda sin nada... ni aquello que podría brindarle comodidad, que rechaza a causa de una rígida fantasía romántica.

Poner todo patas arriba

Betty, de cincuenta y cuatro años, llamó para contar que su vida estaba patas arriba. El amante, con el que vivía desde hacía un año, le había hecho un gran favor a la ex esposa. Betty preguntaba si era justo que ella se sintiese enfadada y celosa. Le pregunté si creía en la lealtad, la fidelidad y el compromiso del hombre. Asintió con énfasis.

Le pregunté qué clase de hombre era y respondió:

—Le gusta hacer de Padre con mayúsculas.

Le insinué que Betty disfrutaba de esa cualidad cuando la ejercía con ella pero pretendía que no fuese así con los demás. En el transcurso de la conversación, Betty comprendió que el rasgo que más amaba en el compañero, su gran corazón, era lo que odiaba en ese momento porque se sentía insegura.

¡En el fondo, estaban muy bien!

Cuando sienta que le odia, mire en su interior

Cuando se casa y odia a su esposo, mire dentro de usted para encontrar la fuente de ese odio. Si no aclara estas cuestiones, seguirá repitiendo la secuencia de casarse y odiar a su hombre... y concluirá que el problema son todos los hombres.

La alternativa feliz

Una postdata final:

Querida Dra. Laura:
Usted comentó en su programa que el carácter de una persona era mucho más importante que su éxito o sus logros (y yo no tendría que necesitar escucharlo), y eso consolidó en mí el gran amor y admiración que siento por mi esposo.
Provengo de una familia de aparente éxito individual y todos nuestros amigos ganan mucho más dinero que nosotros como funcionarios municipales. Durante un tiempo, me mostré hipercrítica y frustrada, hasta que usted me recordó qué era lo que yo tenía: un esposo auténtico, amoroso, bueno, honesto, divertido, trabajador y estupendo, y que eso era lo más importante. Gracias por habérmelo recordado. Ya había tenido bastante de esas espantosas relaciones pasajeras de gran intensidad hasta que adopté la decisión inteligente de ser feliz. Y fue la mejor.

Con todo mi afecto, M.

¡Querida, la felicito!

7

Maternidad errónea

CONCEBIR HIJOS POR LOS PEORES MOTIVOS

*"Es evidente que las personas que tienen un
proyecto de vida poseen más motivaciones
para ejercer el control de la fertilidad."*

Carole Joffee, investigadora sociológica
(*Los Angeles Times*, 6 de enero de 1993)

Al utilizar la frase "los peores motivos" como parte del
título, me impuse la arrogante tarea de detallar los que consi-
dero los mejores motivos para tener un hijo.

¿Son esos motivos, por ejemplo, el amor, la etapa de la
vida en la que uno se encuentra, que "hay que" tenerlos? ¿Que
sus padres quieren ser abuelos? ¿Para no quedar de lado entre
las amigas embarazadas? ¿Para probar que es capaz? ¿Para que
alguien le quiera? ¿Para forzar un matrimonio? ¿Porque no tiene nada que hacer con su vida? ¿Porque los hijos son la pana-
cea para las enfermedades emocionales?

¿Visteis algo en común entre todos estos motivos carac-
terísticos para tener hijos? ¡Ninguno de ellos tiene nada que
ver con los intereses del niño!

Una paternidad y una maternidad sanas ponen las necesidades del niño en primer lugar

Esta es mi opinión sobre la única razón justa para tener un hijo: usted y otro adulto, un socio comprometido (por ejemplo, un esposo) tienen el interés, la intención, la habilidad y los medios para hacer los sacrificios necesarios de tiempo, atención y recursos y brindar a esa criatura el alimento físico y emocional, el apoyo, el amor y la educación que necesita.

La procreación no tiene nada que ver con sus necesidades sino con las del niño.

Si piensa en tener un hijo sólo por la ventaja que le brinda en relación con curar sus heridas, darle identidad, solidificar una relación precaria o entretenerle en una existencia por lo demás vacía, se sentirá sobremanera decepcionada y, en última instancia, su hijo pagará el precio.

Las cifras hablan por sí mismas

Como ya he mencionado en un capítulo anterior, el Centro de Control de Enfermedades informa que entre un tercio y la mitad de las mujeres investigadas recientemente afirmaron que su última maternidad fue no deseada o que se quedaron embarazadas antes de lo que esperaban. La tasa de maternidad no deseada es mucho más elevada entre las mujeres jóvenes, en el grupo de más bajos ingresos o entre las solteras.

Todavía no comprendo del todo qué significa la maternidad no deseada. ¿Que los métodos anticonceptivos bien empleados fallan? No lo creo. Al menos, no con tanta frecuencia. Os recuerdo las cifras que ya he citado, del estudio del Instituto Alan Guttmacher, con respecto a que de los 3 millones y medio de maternidades involuntarias en Estados Unidos, casi la mitad son causa del uso irregular o incorrecto de los anticonceptivos, y el resto, de la ausencia de métodos. ¿Qué tiene eso de involuntario?

¿Cuántos accidentes son en realidad accidentales?

De las innumerables llamadas que he recibido de mujeres que dicen: "oh, estoy embarazada", la mayoría terminaba por admitir, bajo cierta presión de mi parte, que no usaban métodos anticonceptivos "porque..." Y ese "porque" proviene a menudo de una perspectiva inmadura: "Pensé que él se encargaría."

Sandy, de treinta y cinco años, es la típica representante de esa mentalidad. Me llamó, muy enfadada con el ex esposo. Me contó que habían hablado de la posibilidad de volver a estar juntos. Cabría esperar que eso significara pedir ayuda profesional o charlar acerca de los problemas del matrimonio y de las ideas compartidas con respecto al crecimiento individual y conjunto. Pero no fue así.

Sandy, a pesar de la cólera inicial, de pronto comenzó a expresarse como si "todo estuviese perfecto", como si fuesen una feliz pareja, reconciliada y comprometida. Sin embargo, resultó que el ex esposo tenía una novia. No obstante, Sandy suponía que la reconciliación tendría éxito y le creía cuando el ex esposo le aseguraba que la amaba... aunque no hiciera el menor intento de dejar a su actual pareja. Sencillamente, Sandy esperaba que la eligiese a ella y, para asegurar el trámite, se quedó embarazada.

Dra. Laura: —¿Cómo reaccionó él al enterarse?

Sandy, cada vez más inquieta: —¡Volvió con la novia!

—Sandy, ¿hiciste el amor con él sin tomar precauciones?

—Sí...

—¿Los dos teníais intenciones firmes de reconciliaros?

—No...

—¿Y qué me dices de hablar acerca de tener un hijo? ¿Lo hicisteis? ¿Mencionó él el deseo de tener un niño?

—No. ¡Pero dijo que me amaba!

—Sandy, eso no tiene nada que ver. ¿No lo entiendes, acaso? Creo que tu enfado está fuera de lugar. ¡Hiciste el amor sin tomar precauciones, en una relación no comprometida con un hombre que no tiene un interés expreso en tener hijos! De modo que tú tenías un plan, pero te salió mal.

—Bueno...

—Sandy, estás en una situación difícil y tienes que tomar decisiones muy importantes con respecto al niño. Pero decidas lo que decidas, recuerda esto: nunca te zambullas en una piscina sólo porque un hombre te dice que en algún momento estará llena de agua. ¿Comprendes lo que quiero decir?

—Sí, creo que sí. Gracias.

Las responsabilidades de él y las de ella

Es en este punto donde la discusión puede volverse confusa. Es razonable que usted diga: "¡Eh, espere un momento, Laura! ¿Qué me dice de la responsabilidad de él?" Es justo. Creo que cada hombre es responsable por su propio esperma, por lo que hace y a dónde va. La ley ordena que suministre apoyo económico al niño; la moral, que le brinde atención.

¿Y?

El milagro de la reproducción se realiza en el cuerpo de la mujer y el cuidado del niño es, básicamente, responsabilidad de la madre, por lo tanto no creo que discutir acerca de la responsabilidad del hombre resuelva mucho con respecto a la realidad del embarazo.

Teniendo en cuenta esta situación, este es mi consejo: si un hombre se niega a participar en el proceso anticonceptivo, niégale el sexo, recházale... ¡o asegúrate de tener un anticonceptivo bajo la manga!

No hay derechos sin responsabilidad

Sí, ya sé que no es correcto desde el punto de vista político golpear a la supuesta víctima, en particular si se excusa al varón. Hay cantidades de casos en los que tanto las mujeres como los niños resultan víctimas. Sin embargo, tuve ocasión de hablar con miles de mujeres que hacían el papel de director y productor en una obra donde el resultado era un niño víctima de la pobreza y la falta de atención.

Tom Bethel, un encargado de medios de difusión en el

Instituto Hoover, escribió un ensayo para *Los Angeles Times*, en el que expresa un pensamiento al que me adhiero con entusiasmo: "El embarazo implica un acto previo consentido, y representarlo (o también al aborto) como inevitable es definir [a estas mujeres] como carentes de voluntad propia. No puede haber un punto de vista más condescendiente que ese."

Como mujeres, no podemos permitirnos seguir exigiendo nuestros derechos sin asumir al mismo tiempo las responsabilidades.

"Pero las cosas suceden..."

Claro que también tenemos el argumento contrario, que cito de la carta de Rosalie, una oyente de El Monte, California: "...somos humanos y, como tales, cometemos errores y sufrimos momentos de debilidad. Estoy por completo de acuerdo en que el control de la natalidad es un método mucho mejor de controlar que el propio cuerpo pero... como se dice: '¡Las cosas ocurren!'"

¡Si esto no es condenar a las mujeres a la impotencia, a la idiotez sin remedio...!

Durante mis cuarenta y seis años de mujer, he conocido las injusticias y la crueldad basadas en los prejuicios sexuales. Pero también las conocí en relación con personas de otras razas, con los judíos, los discapacitados, los obesos, etcétera.

Por lo tanto, a estas alturas de mi vida, después de haber pasado el final de la década de los sesenta y parte de la de los setenta furiosa contra los hombres, estoy convencida de que las mujeres, a través de sus esfuerzos inteligentes y su coraje personal, pueden corregir y aun mejorar su propia vida.

Y estoy harta de utilizar a la sociedad, la educación o cualquier otra cosa como excusa para el comportamiento necio de las mujeres. Primero tienen que ayudarse a sí mismas, luego a las otras mujeres a superar las limitaciones sociales, pues de lo contrario no habrá ningún progreso.

Numerosos grupos femeninos contribuyen a la perpetuación del estado de las mujeres como víctimas, incluyendo en la plataforma política una cantidad de exigencias y esperando poco de la responsabilidad personal de las mujeres como individuos: esto último constituye el meollo de mi visión del tema.

Cómo lo veo: fortalecimiento individual

Como mujer, terapeuta, comunicadora y madre, suelo hablar francamente con respecto al derecho de las mujeres sobre su propio cuerpo y siempre afirmo que ese derecho comienza antes de la concepción. También sostuve con frecuencia que las mujeres, como seres capaces de concebir, son las principales responsables del control de la natalidad.

Como ya os imaginaréis, recibí réplicas bastante acaloradas, incluyendo una de una organización femenina nacional que, entre otras actitudes viles, me acusaron de absolver a los hombres de la responsabilidad de la concepción y dejarla sobre los hombros de las mujeres "en una sociedad que no les da suficientes elementos para protegerse a sí mismas".

¡Y aquí está otra vez la famosa excusa: "la sociedad me obligó"!

Pero aquí va mi opinión: no me parece insensato esperar que las mujeres se comporten con integridad, coraje, inteligencia y fuerza... ¡sin tener en cuenta si los padres les compraron muñecas Barbie o no!

Su cuerpo es de usted: ¡cuídelo! ¡Y si eso significa no practicar el sexo con un tipo que no quiere usar preservativos, pues entonces no lo haga! No tolere las tentativas astutas o rudas del hombre para hacerte retroceder.

¿Y si insisto en practicar un sexo seguro y él me abandona?

Hace un par de años, fui al programa Geraldo a dar una charla acerca de: "El sexo más seguro". La pregunta más frecuente que me formularon delante de la cámara, detrás de la cámara, en los pasillos y en el cuarto de baño, fue: "¿Qué hago si él no quiere usar preservativos?" De inmediato respondí: "¡Mantén las rodillas juntas!" Y muchas replicaron: "Sí, pero entonces quizás él me abandone."

142

¡Caramba! ¿Eso es lo que hemos logrado después de treinta años de esclarecimiento? Ya hay mujeres en el Congreso, y sin embargo todavía existen las que se aterran ante la perspectiva de que un fulano las abandone si exigen que sea responsable y utilice un condón. ¡Me parece patético!

Digámoslo con toda claridad. Estoy de acuerdo en que los hombres tendrían que compartir la responsabilidad acerca de la contracepción... por supuesto que tendrían que compartirla.

¡Pero, despertad, mujeres! Vosotras sois las que os vais a quedar embarazadas. ¡En vosotras tendría que encontrar el varón una barrera!

Lavado de cerebro

Los argumentos en las réplicas de mis oyentes y corresponsales en contra de mi posición demuestran que las mujeres están a la defensiva porque han sufrido un lavado de cerebro y se limitan a aceptar "la espantosa carga de las mujeres".

Muchas de vosotras sufrís en carne propia y habláis de mujeres que luchan cotidianamente contra situaciones terribles, maridos perversos, etcétera. Todos los días, cuando salgo al aire por radio, recuerdo a las mujeres el poder que tienen en el aspecto individual para elevarse sobre los estereotipos y sobre sus propias debilidades. ¡No acepto las excusas! Las exhorto a utilizar todo el poder que tienen como individuos y a ser más responsables de dicho poder.

Ese es el motivo fundamental que me impulsó a escribir este libro. Quisiera que las mujeres comprendieran y aceptaran que, por lo general, las dificultades que sufren son causadas por ellas mismas. Es así de simple. Ellas mismas.

Este libro se refiere a la inteligencia y al coraje

En síntesis, de eso se ocupa este libro.

Está dedicado a una clase de mujeres que conocí leyendo acerca de una aldea africana. Sucede que en esta aldea el maltrato hacia las esposas era una práctica extendida. Por desgracia, esto no es novedad en ninguna parte del mundo y en ningúna época de la historia.

No obstante, la novedad consiste en que en esa aldea africana, las mujeres en edad de casarse decidieron enfrentar ese maltrato: ¡se negaron a casarse! Por cierto, en una aldea de Africa sin radio ni televisión, sin bibliotecas repletas de protestas feministas, lo que se manifestó fue una fuerza muy especial. ¡Esa fuerza se llama inteligencia y coraje!

¿Sabéis en que consiste el dilema principal? ¿Por qué en Estados Unidos, uno de los países más libres del mundo, las mujeres siguen tolerando tanto maltrato de parte de los hombres? No se trata de ignorancia, pues las mujeres norteamericanas no son tontas ni ignorantes. Pero la inteligencia es sólo el comienzo. También es necesario el valor de defender las propias convicciones, como esas mujeres de la tribu africana que he mencionado. Me gustaría que las organizaciones femeninas alentaran desde sus plataformas más coraje personal y responsabilidad de parte de las mujeres.

Espero que no suene a condescendencia, pero digo que si las mujeres de la tribu africana pueden hacerlo, ¡cualquier mujer de Estados Unidos, el país más libre de la tierra, también puede!

Esta idea se destaca en la carta que recibí en 1992 de una inmigrante japonesa. La reproduzco tal cual la recibí:

Soy japonesa. Crecí en el Japón de posguerra, durante la dominación de MacArthur y la derrota de Hiroito. Entonces y ahora, mi cultura es y fue por completo diferente de la de este país. Escuchando su programa, comienzo a entender acerca del significado de libertad e independiente. Fui de las llamadas "felpudo" en mis siete años de matrimonio. No importaba mi opinión, ni mi identidad, yo no sabía cómo ser en mi relación ni en el conjunto de mi vida. En mi familia y en mi sociedad nos educan para ser buenas muchachas, buenas damas, buenas esposas y madres y eres mejor persona cuanto más los complaces. No responder, sólo asentir.
No sé por qué yo necesitaba algo más. Decido venir a este

país a comienzos de la década de 1970. Por mis instintos primarios y los valores tradicionales de mi cultura soporté la relación marital siete años. Los dos últimos años de mi vida matrimonial comienzo poco a poco a hacer mi propia identidad. Por supuesto, matrimonio comienza a deteriorarse.

¿Por qué? En verdad, no lo sé. Sólo sé que comienza mi tiempo de despertar. A mi marido gusta tomar todas decisiones, que le acepte cada detalle mínimo como elegir el papel higiénico o el cereal.

Los primeros dos años de matrimonio no me pesaron. Hasta me parecía bien que el hombre involucra en tomar decisiones en casa. Yo sentía gran poder en él, en esa época me gustaba hombre fuerte, que llaman "macho".

Pero poco a poco noté mis sentimientos cambiar.

Comienzo a discutir con él mis opiniones diferentes. Claro, él asustó... cada vez que teníamos distintas opiniones él tenía que ganar. Muchas veces yo encerraba en cuarto de baño dos, tres horas, él quiere discutir y hablar, yo sentí miedo primeros quince o veinte minutos porque él muy enfadado, pero una hora y media después él convenció a mí que él tenía razón, y yo estaba por completo de acuerdo. De paso, él suele decir: "Yo puedo vender cremas heladas a esquimales."

Pero yo enfadada más y más dos o tres días más tarde. Por ejemplo: yo compró automóvil usado sin satisfacción, sintiendo amargura dentro de mí. Mi cerebro estaba de acuerdo pero sentimientos no; también no me hacía sentir poderosa encerrar en cuarto de baño.

Ahora salí de esa relación escuchando su programa de radio, comienza a entender significado de libertad e independiente. Ahora entiende por qué salió de esa relación.

Usted es como maga. Mucha confusión psicológica, usted muestra como mago hace magia. Es asombroso cómo da fuerza en dos segundos escuchar la lógica de usted.

De todos modos, yo descubrí en dos años separada de mi marido. Conocí mucha mujer sufre maltrato del esposo. Estados Unidos de América rompe cabeza, país más feminista del mundo, pero todavía mucha mujer tolera maltrato de hombre, psicológico y físico.

Creo que nosotras, mujeres, tenemos que despertar, somos seres humanos, sabemos que merecemos mejor para nosotros, igual que los hombres.

Les digo a todas mis amigas que si pueden escuchen la radio 640 AM KFI, de 12 a 2 de la tarde, porque muchas personas se quejan de situación.

Sé que cometí mucho error pero por fin, al menos ahora sé cómo me siento. Es magnífico saber los sentimientos.

Sólo lamento el descuido, me gustaría escuchar su programa y entender su lógica antes conocer mi marido. ¡Bien! Tal vez así tenía ser.

De paso, hace un par de días, fui a votar mí misma. Me sentí muy bien, primera vez en mi vida tomé una decisión de elección y orgullosa de mí misma.

¿Cómo puede ser tan descuidada en un tema tan fundamental?

Este capítulo me suscita una furia especial porque estoy convencida de que los anticonceptivos que utilizan las mujeres —o que dejan de utilizar— afectan a una vida inocente: la de los hijos.

He aquí los meros hechos, tal como los relató el periodista Paul Taylor en *The Washington Post*:

Cuando se tienen hijos al margen de una relación comprometida, los niños crecen con uno solo de los dos padres... lo que con frecuencia es sinónimo de pobreza. "...Entre el 70 y el 90% de todos los niños nacidos fuera del matrimonio quedan a cargo de bienestar social en algún momento de sus vidas, y ... esos niños tienden a permanecer a cargo de esas instituciones por períodos más prolongados que los hijos de padres divorciados. En la década de 1960 —continúa Taylor— se produjo un movimiento global hacia el rechazo del matrimonio como ámbito para las relaciones sexuales. Desde entonces, hemos presenciado un aumento del desinterés por la crianza de los niños dentro del matrimonio, y tal vez lleguemos a una tercera etapa en la cual el matrimonio ya no represente el ámbito natural de crianza de los niños. Más aún: no conocemos la causa de esta situación."

La carga del padre soltero

Si la madre soltera no es rica, si no obtiene apoyo de alguna institución social, entonces, con o sin apoyo económico que la ley obliga a dar al donante del esperma, es muy probable que esa madre trabaje y el hijo esté al cuidado de una institución, sin atención personalizada. Según el famoso pediatra y escritor T. Berry Brazelton, "...Los hijos de un padre o de una madre solteros se angustian por estas dos preguntas: '¿Por qué uno de mis padres me abandonó y el otro también se va?' A menos que ese padre único esté presente y brinde al niño la seguridad de ser importante, desde el comienzo esa criatura crecerá con una imagen sumamente pobre de sí mismo."

Esta clase de situación no es un secreto para nadie. ¿Qué lleva, entonces, a las mujeres a ser tan descuidadas con respecto a la concepción?

Cito la carta de una oyente: "Espero ser un ejemplo para las demás mujeres en lo que se refiere a tener hijos fuera del matrimonio, por motivos inaceptables. Tuve dos hijos, con el propósito de retener a un hombre."

Es infantil obligar al hombre a comprometerse a través del embarazo

Llamó una oyente, preocupada por la hermana soltera, de diecinueve años. Esta hermana tenía una relación intermitente con un muchacho de la misma edad. Ahora está embarazada. La mujer que llamó quería saber qué palabras emplear para convencer a la hermana de que se sometiese a un aborto. Pensaba utilizar argumentos lógicos referidos a los problemas económicos y de educación... ¡un enfoque por completo equivocado!

La convencí de que le explicara sin rodeos a la hermana que lo que imaginó, tener un hijo como un supuesto modo de solidificar la relación con ese joven, resultaba muy peligroso. También es un claro ejemplo de inmadurez, ingenuidad y necedad que todas las mujeres deberíamos discutir con franqueza para poder educarnos unas a otras.

¡Sea su propia autoridad!

No es suficiente participar de un grupo en el que, por ejemplo, la mujer pueda quejarse del marido autoritario sin adoptar la responsabilidad por su carencia de voluntad de aceptar el papel difícil e incómodo de controlar su propia vida. Delegamos ese papel en hombres deseosos de cumplirlo, y luego les acusamos de no saber cómo utilizar esa autoridad.

Y no me digáis que las mujeres no tenemos alternativas en este mundo sexista, dominado por los varones. ¿En qué situación quedamos entonces los millones de mujeres como yo que hacemos sacrificios, nos esforzamos, sufrimos las angustias de educarnos y hacernos cargo de nuestra propia vida? ¿Acaso pertenecemos a una clase de fenómenos, somos miembros de una elite privilegiada, o sencillamente somos mujeres afortunadas? No es así. Como en el caso de esos admirables ejemplos de mujeres pertenecientes a los grupos minoritarios en todo el mundo, constituimos modelos más apropiados.

Porque aquello de "Haz lo que digo pero no lo que yo hago" no sirve. Usted tiene que vivir de acuerdo a sus propias convicciones.

Dejemos atrás la necedad

Volvamos al tema que nos ocupa; en especial, quisiera destacar y minimizar las conductas erróneas características de la mujer en lo referente a la reproducción.

La revolución sexual nos enseñó que podíamos "hacerlo" en cualquier momento pues ya no significaba que éramos malas chicas y porque teníamos derecho a disfrutar de los mismos placeres y de la misma libertad sexual que los varones.

Hasta aquí, estamos de acuerdo. No obstante, a menos que usted o él estéis esterilizados, si mantenéis relaciones a menudo, teniendo en cuenta la proporción de fallos de cualquier método anticonceptivo (y lo perezosa e irresponsable que puede ser con respecto al control), se quedará embarazada. Así de simple. En ese caso, tendrá que recurrir al aborto, la adopción, asumir la maternidad solitaria... o a una boda a punta de pistola.

La responsabilidad compartida por hombres y mujeres en el control de la natalidad o en el cuidado de los hijos no se manifiesta en los cientos de llamadas que he recibido de mujeres que se mostraban asustadas, heridas y llorosas al "descubrir" que estaban embarazadas.

Recuerdo en particular a Marie, de veintidós años, que estaba ante la perspectiva de un segundo aborto; me dijo entre lágrimas que estaba asustada y que no quería tener un hijo. El temor se había convertido en vergüenza pues, en ocasión del primer aborto, la trataron bien y no sufrió dolor físico, pero ahora...

Dra. Laura: —¿Usaste anticonceptivos?

Marie: —Bueno, con mi novio usamos el preservativo... pero no demasiado.

—Marie, déjame preguntarte algo. Después de haber sufrido un aborto, ¿por qué aceptaste tener relaciones sexuales sin tomar precauciones?

—Bien, nosotros...

—No se trata de "nosotros". ¡Se trata de ti!

—Creo que... ¡me dejé llevar por las circunstancias! Es decir, él quería usar preservativos, pero a mí me pareció que no tenía que pedírselo. Es su...

—Cariño, luego podemos hablar de las posibilidades respecto del niño... pero te sugiero que emplees anticonceptivos, pues no demuestras responsabilidad en lo referido al sexo. ¡No puedes permitir que te dominen las emociones del momento! ¡Mira lo que te acarreó la falta de planes!

—Sí, tal vez tenga razón...

Confundir las fantasías con las posibilidades reales

Si las relaciones sexuales sólo provocaran orgasmos, pero no hijos no deseados, enfermedades venéreas o pasiones malinterpretadas como amor, este capítulo no sería necesario.

Pero como existen esas graves consecuencias, las mujeres tenemos que actuar como seres adultos, y no como princesas encantadas, impotentes y abandonadas. Es evidente que el costo de semejante descuido es demasiado alto.

Para ser franca, creo que muchas mujeres, incluyendo a

Marie, no utilizan anticonceptivos porque tienen la fantasía de vivir una situación ideal de amor y compromiso y confunden dicha fantasía con la realidad posible.

Cuando empleas la táctica de la pistola para dispararse a usted misma

En la Tierra de la Fantasía, "cuando deseas una estrella, tu sueño se convierte en realidad", pero en la vida real, ese es un juego peligroso.

Un ejemplo de ello es Michelle, de veintinueve años. Tiene una relación, con intervalos, con un hombre once años mayor. Riendo, lo describe como "un gallina. Tiene toda una historia. Si te la contara... créeme que te morirías. Llevaría demasiado tiempo hacerlo".

Me parece lamentable que ella imagine que me moriría si supiera algo más acerca de su hombre, pues con ese hombre Michelle acaba de concebir a otro ser humano... por segunda vez. Del primer embarazo se realizó un aborto hace unos tres años. Este, según afirmó, quería "conservarlo".

Se apresuró a asegurar que le amaba con todo el corazón. Luego aclaró que no podía convencerlo de que se casaran... y evidentemente, ese fue el motivo por el que "se confundió con las pastillas".

En apariencia, Michelle llamó porque no sabía cómo decírselo a su novio. Afirmaba estar confundida: no quería obligarlo a casarse. No quería que se casaran sólo porque ella estuviese embarazada. Lo que sin embargo no admitía era que su pareja no quería casarse con ella cuando no estaba embarazada. Sin duda, el hijo representaba una manera de terminar con la soltería del novio. Y según la misma Michelle, las posibilidades eran nulas.

Pero eso no suele impedirnos intentarlo, ¿verdad?

El error de "dejarse llevar"

No nos impide imaginar y esperar que si lo deseamos con bastante intensidad, nuestros sueños se harán realidad.

Las cosas que son capaces de hacer las mujeres para forzar la concreción de un deseo confunden la mente y estrujan el corazón.

Las mujeres tienen una esperanza, un anhelo, el deseo de una clase de vida. Esas metas son magníficas, pues las motivan y las vigorizan.

Sin embargo, la mayoría de las mujeres, llevadas por una corriente emocional, imaginan que esas emociones implican forzosamente una acción en consecuencia. Olvidan los beneficios a largo plazo de la planificación, la paciencia y la perseverancia, y se limitan a dejarse llevar.

Y esto me obliga a destacar otras complicaciones que sufren cuando no son más escrupulosas con respecto a con quién y en qué condiciones deciden concebir niños.

Concebir un hijo con un hombre casado

Uno de los casos más exasperantes fue el de una mujer que tuvo una relación de dos años con un sujeto casado, que dijo sin rodeos que no pensaba abandonar a la esposa. La mujer en cuestión estaba acongojada porque los abuelos del niño manifestaron con toda claridad que no querían saber nada de ella ni de la criatura.

Entre nosotras, debo admitir que me parece irresponsable, hasta cruel de parte de esos abuelos, pero... ¿qué podía esperar esta mujer? Nunca existió la menor posibilidad real de que el amante cambiara a la esposa por ella. ¡Por increíble que parezca, la esposa, no obstante saber del embarazo de la amante, se quedó con el marido engañador!

Recuerde que el que paga siempre es el niño

¿Aprietos? ¡Aprietos!

Os contaré algo de otros aprietos. Y comprenderéis que siempre será el hijo el que pague el costo.

La abandonó en el apuro... y ella le perdonó

Audrey, de veinticuatro años, tenía "un novio que me dejó embarazada y me abandonó", se quejó. Lo que me gustaría saber es cómo lo hizo sin que Audrey se diese cuenta.

Eso ocurrió hace unos tres años. En ese período, Audrey tuvo un amigo platónico que vivía con ella y el niño, que le brindaba apoyo y hacía el papel de padre sustituto. Y ahora, al parecer el antiguo amante quiere volver a formar parte de la vida de la madre y el hijo, aunque no es seguro.

Audrey pregunta:

—¿Qué debo hacer?

¿Acaso no comprende que está jugando con la vida afectiva y con la seguridad del hijo?

El sexto sentido de los perdedores

Kathy, de cuarenta y un años, llamó para contarnos un increíble conflicto.

—Quisiera saber cómo decirles a mis dos hijos del medio que tienen diferentes padres biológicos que sus hermanos mayores —dijo.

Tenía seis hijos, que iban de los veintiuno a los tres años: dos del primer marido. El problema lo constituían los dos intermedios.

El tercer y cuarto hijos eran el producto de una relación de siete años con un alcohólico.

—Tuve que quedar embarazada dos veces para entender que tenía que cortar esa relación —continuó Kathy.

Los dos hijos menores, de tres años, habían sido concebidos con el esposo actual, que lo era desde hacía cuatro años.

Los hijos intermedios tienen seis y once años, y creen que su papá es el primer esposo. El padre biológico, el donante del esperma, jamás tuvo participación en las vidas de los niños. El que figura en el certificado de nacimiento de los niños es el primer marido y fue el que brindó apoyo afectivo y emocional a estos chicos desde que nacieron.

—Me gusta ese hombre —le dije—. ¿Qué motivo tendrías para rechazarlo?

—¿Porque soy tonta? —aventuró Kathy, riendo.

¡Una de las pocas mujeres que se animan a admitir la verdad!

También insinuó que "la vida no siempre resulta fácil". Eso es muy cierto. Entonces, ¿por qué hacerla peor?

¿Por qué insistir en tener relaciones con sujetos que sabemos que son casados, homosexuales, adictos, alcohólicos, crueles, despreocupados, desinteresados de la crianza de los hijos, violentos... y todo lo demás?

¿Y cuando quiere que él desaparezca... y él se niega?

Recuerde esto: si se arriesga a un embarazo con el tipo equivocado, en condiciones inapropiadas, tendrá que lidiar con ese hombre para siempre.

Preguntad a las mujeres que me escriben contándome situaciones terribles como, por ejemplo, que el donante del esperma es un tipo violento, neurótico o adicto que las persigue, y provoca estragos con relación a las visitas al hijo o incluso a su custodia. Esa clase de hombres en realidad no quiere al niño: lo que quiere es continuar la relación enferma y llevarla a un grado más alto de devastación y dolor.

¡Deje de creer en las transformaciones milagrosas!

Pocas veces hablé con una mujer que no admitiera que "él ya era así desde el principio". ¡Por favor, no espere que el amor o la esperanza produzcan una cura o una transformación milagrosa! Y deje de excusarse con que está asustada, o es débil o cualquier otra cosa pues eso no impide que se quede embarazada y tenga que enfrentar las consecuencias.

En mi opinión, el matrimonio es condición necesaria pero no suficiente para concebir a un hijo.

153

La trampa de una mujer

Brenda, de veintisiete años, llamó y me contó que "conocía a su esposo desde hacía diez años, y estuvimos casados durante ocho. Cuando nos casamos, mi hijita tenía unos nueve meses. Conseguí un empleo nocturno y una noche llegué a casa después del trabajo y encontré a mi esposo en la ducha, con mi mejor amiga. Eso ocurrió hace ocho años".

Le pregunté si la historia de los siguientes ocho años fue, en su mayor parte, como lo que acababa de contarme.

—Sí —dijo en tono firme—. No sólo eso, sino que es alcohólico y me maltrata. Soporté todas esas porquerías, pero él dijo que cambiaría.

Hace un mes, Brenda comenzó a insistirle con la separación, porque no quería "que siga molestándonos a mí y a mis tres hijos".

¡Me quedé de una pieza! ¡Después de saber "con quién estaba", concibió dos hijos más con semejante individuo! ¡La trampa que las mujeres se tienden a sí mismas! ¡Como es desdichada, concibe hijos y entonces, no puede librarse ni en salvaguarda de los niños... aunque se sienta desgraciada con él...!

No resultó demasiado sorprendente que en cuanto Brenda le exigió la separación, el esposo confesara que la amaba con locura.

Fue suficiente: de pronto, ella se siente confusa e insegura con respecto a la separación.

En tanto le declare que la ama, él podrá seguir torturándola a placer. ¿Por qué las mujeres confundirán las palabras con las acciones? ¿Por qué darán más valor a las palabras que a los actos?

Según creo, porque estas declaraciones vacías las libran de adoptar decisiones tajantes y valientes. ¡Siempre resulta ese el motivo!

El círculo vicioso

Como en el caso de Brenda, muchas mujeres siguen concibiendo hijos como si fuese la forma de cavar un refugio para hibernar, para procurarse seguridad.

Concebir hijos se convierte, no sólo en la manera de fingir que todo marcha bien sino de intentar forzar la situación y, quizá, de concretar algo positivo en ese contexto perverso.

Sin embargo, aquí estamos, con niños concebidos en una situación embrollada, de la que las mujeres afirman no poder salir a causa de los mismos niños.

¿Acaso este tipo de conducta le dio resultado?

Ya pasó la hora de las excusas

Tiene la obligación de tomar decisiones concretas, racionales, sabias, con respecto a cuándo, y con quién quedar embarazada.

Basta de excusas.

Usted tiene poder sobre su propio cuerpo.

Le suplico que lo utilice.

8

Sumisión necia

PERMITE QUE EL LASTIME A SUS HIJOS

En la naturaleza, la criatura más feroz es aquella que ve amenazada a su cría. ¡Intente aproximarse a un nido estando cerca la madre! ¿Alguna vez presenció la furia de la madre que sospecha que sus crías están amenazadas? No sé cuánto de decisión consciente o de altruismo se puede atribuir a esta reacción. Tal vez sea lisa y llanamente instinto... pero quizá también se trate de amor y sacrificio.

Los seres humanos somos mucho más evolucionados que los animales... que sólo tienen instintos y actos reflejos. Con nuestra corteza cerebral más desarrollada podemos elevarnos sobre el instinto y adoptar decisiones. En eso consiste nuestra superioridad. Y en ocasiones, nuestra vergüenza.

No existe otro campo donde el conflicto entre decisión e instinto sea más evidente que en la maternidad.

Mientras escribo acerca del instinto y la elección, y la tendencia natural a proteger a nuestros hijos, pienso en cuán inconmensurablemente amo a mi propio hijo. Si tuviese que decidir entre cualquier persona o cosa y Deryk, ni siquiera lo dudaría.

Cuando Deryk nació, le dije a mi esposo, el hombre más

157

tierno, generoso y amante del mundo, que si yo sospechara por una millonésima de segundo que él fuese capaz de lastimar a nuestro hijo, yo podría reducirlo a partículas submoleculares. Mi marido respondió con una sonrisa suave: —¡Ya lo creo que lo harías!

Recuerdo que mi esposo y yo pasamos varios años tratando de concebir un hijo. Me sometí a cirugía mayor, tomé hormonas, utilicé tablas de temperatura, etcétera. En verdad deseaba la experiencia del embarazo y la maternidad, y cuando esa experiencia se produjo fue impresionante.

Una noche, antes de que yo quedara embarazada, mi esposo y yo estábamos viendo un programa de televisión sobre filosofía y ética. Entre otros temas, hablaban acerca de la ética en un bote salvavidas. Si en un bote salvavidas hubiera quince personas, pero sólo estuviese equipado para doce, ¿qué haría usted? ¿Arrojar a tres personas al agua para que los otros tuviesen asegurada la supervivencia? ¿O haría todo lo posible para que todos sobrevivieran, y esperaría lo mejor?

Siguiendo con esas ideas, le pregunté a mi esposo:

—Si ya tuviésemos un hijo, y los tres estuviésemos en un bote que comienza a hundirse, suponiendo que sólo pudieses salvar a una persona, ¿a quién salvarías, al niño o a mí?

¡Mi marido, que no es ningún tonto, imaginó que jamás podría ganar en ese juego y se negó a responder!

¡Para mí, en cambio, la respuesta fue fácil! Dije:

—Yo te salvaría a ti. La relación entre nosotros es la primordial. Supongo que luego podríamos tener otro hijo.

Creo que en aquel momento me resultaba difícil imaginar los sentimientos de apego que podría experimentar hacia un hijo, pues todavía era sólo una posibilidad demasiado abstracta como para cimentar ningún lazo.

Unos meses después quedé embarazada. Una noche, tarde, desperté a mi esposo y le hice esta pregunta:

—Lew, ¿cuánto tiempo puedes mantenerte a flote?

La cuestión de mi cariño y mi responsabilidad ya no era abstracta. Existía una vida desprendiéndose de la mía, dentro de mi cuerpo: mi hijo. Por instinto supe que, para mí, ese era el más intenso de los vínculos.

Y hay que tener en cuenta que eso provenía de una mujer que vivió la adolescencia durante los años sesenta, con su carga de feminismo, una mujer que pensaba que la maternidad era una especie de embrollo. ¡Qué evolución!

Por desgracia, la mayoría de la gente no siente lo mismo. Con demasiada frecuencia, nuestras elecciones tontas embotan nuestros instintos maternales y... ¡sorpresa!... casi siempre existe algún hombre involucrado.

Cuando el instinto maternal se desvía

Mientras escribo estas líneas, no puedo olvidar un caso de la época en que comencé mi programa de asesoramiento en la radio. La que llamaba era una mujer de poco menos de treinta años, que tenía un problema con el novio. El hombre la quería, pero no soportaba a los hijos de ella... en absoluto. De hecho, la presionó para que los abandonara. Aunque no lo crean, la pregunta de la mujer era: —¿Qué tengo que hacer?

Ya me parecía incomprensible que se plantease siquiera la pregunta, pero lo que sobrevino me dejó atónita. Como era natural, ella no quería deshacerse de los hijos, pero tampoco quería perder al novio.

Hablé con esa mujer largo rato, explicándole lo que era para mí el amor en lo referido a actitudes y conductas, que no era sólo cuestión de hormonas o de dependencia temerosa. Más aún, le insinué que la adultez y la paternidad no siempre resultaban fáciles pero que las gratificaciones a largo plazo que derivaban de la lealtad, el sacrificio y la confianza en uno mismo eran suficiente compensación. Le aseguré que esos eran los materiales con los que se construía la verdadera felicidad y la autoestima.

En apariencia, respondí como una terapeuta tranquila y racional, pero por dentro ardía de furia. ¿Cómo era posible que una madre considerara siquiera semejante posibilidad?

Hablamos durante una hora. Al final de la conversación, la mujer todavía no sabía qué decisión tomar.

Nunca volvió a llamar.

¿Acaso esa mujer estaba tan abrumada por la desespera-

159

ción que no era capaz de dar un paso al frente? ¿Qué podía
haberle sucedido para provocarle semejante pánico a la soledad? Nunca lo sabré. Pero siempre me lo pregunto...

Atrapada entre los malos tratos y la soledad

Tanto en el programa de radio como en mi práctica privada utilicé el humor para aliviar la tensión y que las mujeres
que llamaban se sintieran más cómodas para tratar ideas difíciles y comprenderlas. Sin embargo, hubo una llamada que estuvo más allá del humor:

Mientras me contaba que se había casado por segunda
vez y tenía dos niños pequeños del primer matrimonio, Celia
parecía al mismo tiempo muy perturbada y con las emociones
obnubiladas. En esta ocasión, se había casado con un hombre
que la maltrataba a ella y también a los niños. Cuando le mencioné la posibilidad de separarse, Celia dijo que no podía hacerlo... a causa de las criaturas.

Le pregunté:

—¿Eso significa que crees que para tus hijos es mejor
tener a un individuo que los maltrate que no tener a nadie?

Celia vaciló un instante y luego dijo: —Sí.

Quedé estupefacta.

Tenía tantos deseos de ayudar a Celia que me arriesgué a
parecer malévola y le pedí que me repitiera lo que había dicho:
que era mejor estar con un abusador que sin ningún hombre.
No quería ser cruel, pero como psicoterapeuta, sé que cuando
nos escuchamos a nosotros mismos, la idea se vuelve más real
y concreta. Y me pareció fundamental que Celia se escuchara a
sí misma con absoluta claridad.

Luchó con las palabras durante un lapso interminable, y
al fin dijo:

—Pienso que es mejor que tengan un hombre que los
golpee que carecer de una figura paterna... ¡no! ¡Eso no está
bien! —gritó en mis auriculares.

A estas alturas, las dos llorábamos. Le di el número telefónico de un refugio de emergencia para mujeres y los de un
grupo de apoyo, y le dije que era muy valiente. Espero que

Celia haya captado el mensaje... ¡y que pueda salir con sus hijos de esa situación!

Racionalización fatal

En cualquier momento, me estoy dirigiendo a una única persona. Sin embargo, comprendo que cualquier persona que llame representa a cientos o miles con las que podría sostener el mismo diálogo. Por lo tanto, a cada mujer, a cada una de vosotras, quisiera decirle:

Nunca es mejor, ni para usted ni para sus hijos, ser golpeada, aterrorizada, desmoralizada o hasta violada, que estar sola. ¿Recuerda que, en un capítulo anterior, conté cuánto me había angustiado la madre de *El club de los poetas muertos*, que apoyaba al esposo en detrimento de la vida del propio hijo? Es el ejemplo perfecto de ese tipo de conducta. Esta racionalización, pues no es otra cosa, es consecuencia del miedo a la autonomía y de la falta de conciencia sobre los propios recursos.

Los recursos existen

Por cierto, cualquier mujer podría argumentar que está limitada por su falta de educación, de capacidad para ganarse la vida de manera independiente, por la aparente carencia de apoyo social o comunitario. Para esa clase de mujeres, estas excusas tienen cierto viso de verdad. Pero en última instancia, no existen excusas para arriesgar a los hijos.

Numerosas mujeres con dificultades financieras forman especies de cooperativas con otras que tampoco cuentan con apoyo familiar o social. Otras, acuden a programas de ayuda y a refugios. En síntesis, existen alternativas para los peligros reales que enfrentan las mujeres y los niños sometidos al maltrato. En primer lugar, tiene que permitirse reconocer que dichas alternativas existen. En segundo lugar, tiene que enfrentar el hecho de que siempre existe una salida aunque no siempre sea limpia y agradable. Si quiere a sus hijos, si se quiere a usted misma, deberá reunir el coraje para hacer lo correcto.

No obstante, los que tienen que sacrificar sus propias necesidades son los adultos, no los niños, tal como lo demuestra con claridad el siguiente episodio.

Los adultos deben sacrificarse, pero eso no significa que los hijos tengan que dejarse de lado

Vino a pedirme orientación una pareja muy agradable. El problema actual consistía en que pasaban por dificultades financieras. Habían abierto un negocio, les había ido bien un tiempo, y luego el negocio decayó por mala administración.

Les sugerí que era preferible que vieran a un experto en negocios, pero insistieron en consultarme a mí. Seguimos avanzando en círculos y, a la tercera sesión, les propuse hablar con cada uno por separado. Tenía la sensación de que habíamos estado deslizándonos sobre la superficie y que, en el fondo, había algo importante que no comprendía.

La semana siguiente, vino la mujer sola. Le pregunté cuál era el secreto. Yo no estaba preparada para lo que dijo. Estaban casados desde hacía unos veinte años. Cuando se conocieron, el esposo quiso abrir un negocio por cuenta propia, y ella quería ayudarle. Luego, ella quedó embarazada. El hombre se enfureció por el gasto extra que representaría un hijo y por el tiempo que le quitaría a la esposa para ayudarlo en la empresa.

Vendieron al hijo. Y con el dinero, el hombre inició el negocio.

La mujer había querido complacerlo, retenerlo, ayudar al esposo. Dijo que imaginó que más adelante podrían tener otro hijo. Nunca lo tuvieron. Agregó que, después de todo era culpa de ella por haber quedado embarazada, y que ella no deseaba echar a perder los sueños de su esposo. Pero tampoco quería perderlo. No había querido vender al hijo ni darlo, pero en aquel momento no supo qué hacer.

De modo que la elección quedó sellada.

El dolor y la culpa de estas dos personas durante veinte años, en su mayor parte inexpresados, fueron más terribles que los fracasos económicos reiterados que, de pronto, se volvieron comprensibles.

¿Quién salvará a los niños?

Sherri comenzó por contarme que ella y las hermanas por fin se habían confesado mutuamente que el padrastro había abusado de todas. Aunque la madre se divorció del hombre por malos tratos y "tenía el presentimiento" de que algo malo sucedía entre él y las hijas, nunca había hecho nada para averiguarlo. De ese matrimonio había un hijo que, en la actualidad, vivía con el padre.

A través del hermanastro, que no había sufrido maltratos y desconocía por completo lo sucedido a las hermanas, Sherri se enteró de que el ex padrastro iba a casarse con una mujer más joven con un hijo pequeño. El dilema de Sherri consistía en si tenía que informarle o no a la futura esposa de las tendencias del sujeto.

—No soporto la idea de que lo que nos sucedió a nosotras le suceda al nuevo hijastro —insistió— ¡pero me asustan las posibles consecuencias para mí!

Le dije a Sherri que ese hombre solía violar a las niñas y golpear a las mujeres, y que ella tenía la obligación de evitar que volviese a hacerlo. Por supuesto que la novia sufriría, pero era una persona adulta. Tenía elección. El hijo, no la tenía.

¡No permita que un hombre decida acerca de su maternidad!

Carol, otra mujer que llamó, ha sido dominada con frecuencia. Tiene dos hijos, producto de un matrimonio de veintidós años con un hombre autoritario. Ahora ha vuelto a casarse con otro hombre que se esfuerza en convencerla de que es incapaz de tener autonomía y, además, impide que la visiten sus hijos de veintitrés y diecinueve años. Tiene especial aversión hacia los niños.

—Bueno, cariño, es hora de un ultimátum —le digo—. Si tu esposo decide continuar con este comportamiento, déjalo y vete a vivir a cualquier otro sitio donde tus hijos puedan visitarte... No debes permitir que ningún hombre te imponga el carácter de la relación con tus hijos. ¡Y aunque sean mayores, siguen siendo tus hijos!

Aunque Carol es una mujer madura, todavía tiene que crecer bastante. ¡Espero que lo haga!

Cuando el abusador es el esposo, un padre o un abuelo

En ocasiones, las mujeres realizan sacrificios repugnantes para aplacar al "dios", a ese hombre sin el cual creen que no pueden vivir... sin la anhelada aprobación y el vínculo con ese sujeto. Y si ese hombre es el padre, también resulta aterrador... incluso más aterrador aún.

Vuelve con insistencia a mi mente la llamada de Nadia, por el asombroso desapego con que relató una historia personal espantosa.

Su padre, al que se refirió como "un viejo perverso" aunque abrigaba hacia él una devoción irracional, abusó de otras niñas pequeñas de la vecindad. Aunque nunca tocó a la propia hija, Nadia lo sabía desde los cinco años, por los relatos de las amigas. Al parecer, la madre siempre permitió lo que ocurría, consciente o inconscientemente. Nadia realizó un verdadero maratón para negar la complicidad de la madre y sus propias emociones, "haciéndome fuerte para sobrevivir" y volviéndose racional al máximo.

Nadia creció, se casó y, mucho tiempo después de la muerte del padre, descubrió que el padre también había abusado de su propia hija. Esta no se lo contó a Nadia para no herirla y para no afectar el desdichado amor incondicional que sentía hacia el padre.

Apoyé a Nadia con entusiasmo cuando me confesó que pensaba escribir su propia historia y tratar de publicarla. Me pareció una técnica muy apropiada de autoconocimiento para una mujer tan sujeta a la razón.

Dra. Laura: —Nadia, lo que piensas hacer me parece maravilloso... y muy necesario. Hace falta que te dirijas a las mujeres que dejan a los hijos en situaciones vulnerables con padres abusadores, sólo para retener a esos hombres. Es casi como un antiguo sacrificio ritual. Debes hacer todo lo que esté a tu alcance para que otras mujeres no hagan lo mismo que tú, que, a consecuencia de lo que hizo tu propia madre, sobrepusiste tu necesidad de conservar a tu padre al instinto maternal de proteger a tu hija.

Nadia: —Sí, lo entiendo.

—Tienes que demostrarles que, independientemente de lo inteligente o "fuerte" que se considere una persona, en ocasiones la negación y las necesidades emocionales son tan fuertes que dejamos a nuestros hijos en situación de riesgo.

—Sí.

—Pienso que puedes brindar un gran servicio si escribes tu historia. Tal vez te duela, te haga llorar en algunos momentos, pero harás mucho bien a muchas mujeres. Y quizá, como consecuencia de tu libro, numerosos niños resulten mejor protegidos.

—Gracias.

El puño de hierro de la negación

Hablar con Nadia fue perturbador, pues para ser fuerte y sobrevivir se había convertido en un ser tan alejado de sus sentimientos, incapaz de enfrentar las verdades dolorosas, que parecía una terapeuta hablando con un paciente. En realidad, consideró el hecho de que el padre no abusara de ella como señal de amor, como un don que nunca le quitaría.

Pero estabas equivocada, Nadia. Lo que el viejo sucio parecía darte con una mano, en verdad te lo quitaba con la otra.

Andar por un camino peligroso

Linda, una interlocutora, parecía incapaz de controlar el ciclo de necesidad, dolor, culpa y furia. Esos sentimientos aparecían en las pesadillas, en las que veía repetidamente muerta o moribunda a su propia hija de dieciséis años. Poco tiempo atrás, soñó que la madre, ya fallecida, los salvaba a ella y a los hijos del fuego y que luego Linda volvía a convertirse en una niña pequeña a quien la madre le aseguraba que todo estaba bien. En los sueños, la madre la protegía, si bien en la vida real había hecho todo lo contrario.

Hace poco tiempo, Linda comenzó a hacer terapia. ¿Por qué? Porque el padrastro abusó tanto de ella como de la hija... ¡aunque Linda insiste en que ella misma le facilitó el acceso a la hija cuando le aseguraron que el hombre estaba curado!

Dra. Laura: —Linda, los sueños no son el centro de la cuestión. Son sólo el medio por el que tratas de lidiar con sentimientos intensos y atemorizantes y con la conciencia de ciertas cosas...

Linda: —Sí, lo entiendo...

—Te diré lo que pienso de los sueños. Pienso que representan el modo de enfrentarte con la culpa y la ira. Tratas de disculpar a tu madre que, en cierta medida, fue cómplice del abuso. Como no querías perder a mamá... apostaste a tu hija.

Linda responde en tono resuelto: —Sí, eso fue lo que hice.

—Al no admitir la verdad con respecto a tu madre y con respecto a tu trágico error, producto de una necesidad desesperada, te expones a un infierno peor. ¿Qué criatura, a cualquier edad, podría aceptar sin dificultades que no le importaba nada ni al padre ni a la madre?

—Lo entiendo. Si matara a mi hija, si ella estuviese "muerta", desaparecería la prueba de mi error.

—Y también te identificas con ella en que las dos habéis sufrido el abandono por parte de los adultos que tendrían que haberos protegido y en quienes tendríais que haber podido confiar.

—Es difícil enfadarse con mamá, porque está muerta.

—Oh, enfádate igual. Puso el matrimonio con ese bravucón por encima de sus propios hijos.

—Así es. Nos barrió bajo la alfombra.

—Y tú te castigas y te desgarras a ti misma. Utiliza la terapia con valentía y enfrenta todo esto con franqueza, así podrás curarte y ayudar a tu hija a curarse.

—Oh, muchas gracias.

Por qué perdonamos lo imperdonable

Cuando la necesidad de afecto y aceptación es tan intensa que el juicio racional cede paso a emociones inexplicables, por lo general se producen consecuencias graves.

Me han llamado mujeres que se sometieron a abortos sólo porque "él me dijo que lo hiciera y yo no quería perderlo". Otras, me han contado que sus amantes, o segundos o terceros maridos "abusaron sexualmente de mi hija. Sé que está mal, ¿pero qué puedo hacer ahora? No soporto la idea de volver a quedarme sola. ¿Y qué hago para mantenerme?" Otras, incluso, se atreven a decir que "él es violento con los niños. Yo he hablado con ellos y les he explicado que en realidad no quiere hacerles daño, es sólo su manera de ser. No sé qué hacer. En verdad, le necesito".

El valor de hacer lo que hay que hacer

Esas necesidades crean una corriente opuesta que ejerce una fuerza terrible contra la racionalidad, el enfado y la culpa. Pero en ocasiones, por instinto, carácter, ánimo, lo que sea, nos sobreponemos y elegimos la alternativa correcta.

Jackie se sentía desolada, y esperaba contra toda esperanza toparse por una casualidad con un antiguo novio. Había pasado una infancia de amenazas, insultos, maltrato físico, y ese hombre la había tratado bien.

Le pregunté por qué entonces había roto con él. Había un pequeño problema: el individuo intentó abusar de la hija. Jackie llamó a la policía y lo arrestaron. Ahora que la hija tenía dieciocho años y vivía sola, Jackie abrigaba la fantasía de volver a estar en pareja con ese hombre. ¡Imaginaos cómo me sentí al escucharla!

Dra. Laura: —Jackie, es obvio que ese sujeto es un canalla manipulador que hace sentir a los demás de cierto modo para poder utilizarlos. Es característico de los pedofílicos que complazcan a la madre para tener acceso a la hija.

Jackie: —¿Eso significa que me eligió porque yo tenía una hija?

—Sí, y también porque tenías necesidad de escuchar cosas agradables. Pues sin aprobación ajena no te sientes valiosa ni digna de amor. Ese es el punto de vista que tienes que cambiar, y no puedes hacerlo a través de otra persona sino de ti misma.

—¿De qué modo?

—¿Qué cosas hiciste últimamente de las que te sientas orgullosa? Esto es muy importante. Quiero que sepas que lo que hiciste, esto es, dejar de lado tu propia "sensación de seguridad" para proteger a tu hija, es en verdad noble. Hace mucho tiempo que soy psicoterapeuta, y no te imaginas la cantidad de "hijas" que atendí, cuyas madres tomaron la decisión contraria.

—¿Es cierto?

—Ni lo preguntes. Me maravilla hablar con una mujer como tú, que a pesar de sentirse herida, vulnerable, necesitada de afecto, hizo lo que tenía que hacer. Creo que no valoras lo que hiciste.

—Si no lo hubiese hecho, no me soportaría a mí misma.

—Ese es un verdadero rasgo de carácter y de valentía. La persona que te acepte por lo que eres... ¡Muchacha, será mejor que te asegures que el próximo hombre sepa qué clase de persona tiene que ser para entrar en tu vida!

—Me hace bien escuchar eso.

—Amiga mía, es necesario que aceptes desafíos que te hagan enorgullecerte de ti misma, que comprendas en qué medida tú misma —y los demás— pueden contar contigo. Dedica a ese propósito tu mejor esfuerzo. Eres una mujer muy especial... sólo hace falta que lo sepas. Vuelve a llamarme.

—Oh, gracias.

Nunca permita que el miedo o la culpa la desanimen

Madre, no suponga que sus hijos aceptarán o perdonarán su debilidad o egoísmo al dejarlos sin protección. Madre, no se engañe creyendo que sus hijos considerarán a ese hombre peor tipo de lo que usted lo considera... tal como lo demuestran los casos que acabo de contarle, y el que sigue.

También es culpable el que consiente

Esta nota periodística aparecida en *Los Angeles Times* me acongojó:

Flora, de quince años, hija de Zelaya, fue muerta mientras caminaba con su novio de quince años entre las vías del ferrocarril. ¿Acaso se suicidaron juntos? Nadie lo sabe. Zelaya declaró: "Sé que no lo hizo, era una buena chica." He aquí lo que averiguamos sobre la mala vida de esta buena chica:

A los trece años, dos antes de morir, Flora fue puesta en adopción al descubrirse que el padrastro la ataba a una silla y la obligaba a mantener relaciones sexuales con él desde que la niña tenía cinco años. El sujeto estaba convicto por el crimen de abuso sexual contra niños en tres ocasiones, y sentenciado en agosto de 1991 a quince años en la prisión estatal, según la oficina del fiscal de distrito de Los Angeles.

Zelaya admitió que con frecuencia el marido la golpeaba a ella y a los tres hijos, incluyendo a Flora, con la hoja de un cuchillo, con los puños y con el mango de una aspiradora. Pero aseguró ignorar que también abusaba de la hija hasta que Flora se presentó ante los funcionarios de la escuela y les dijo que el padrastro le había hecho insinuaciones a la hermanastra de siete años. Según Zelaya, Flora la culpaba a ella por no haber impedido el abuso y prefirió quedar en adopción.

Nunca comprenderé por qué la madre no fue acusada de poner en peligro a la hija, tolerando que el esposo la maltratara, cosa que ella misma confesó.

Imagino que muchos de ustedes estarán furiosos conmigo por emplear la palabra "tolerar". El padrastro es el culpable real de los golpes y el abuso sexual. Pero la madre es quien lo permitió. Se convirtió en cómplice.

Cenicientas heridas, padrastros perversos

Sabemos que las personas que sufrieron abusos en la infancia tienden a perpetuar de algún modo ese comportamiento con sus propios hijos. Los niños que soportaron maltrato suelen convertirse en adultos abusadores. Por medio de la negación, el temor a la soledad, o las relaciones románticas con hombres que entablan vínculos enfermizos, las niñas que sufrieron abuso suelen convertirse en cómplices de maltrato. De ahí que estas páginas estén repletas con historias de cenicientas heridas que se unen a hombres violentos. ¡Pero la autocompasión no es excusa para permitir que los hijos sufran daños!

Ninguna de nosotras puede desterrar la maldad del mundo, no obstante, como mujeres, podemos evitar que entre en nuestras casas y en nuestras camas y, al identificarla, podemos asegurarnos de que no permanezca en ellas. Y sin lugar a dudas, podemos impedir que lastimen a nuestros hijos.

Alimente, ame y proteja

Madre, no permita que nadie lastime a sus hijos, y no los sacrifique para que su hombre sea feliz o para mantener una ficción de amor hacia un padre perverso. La Naturaleza nos confió el milagro más maravilloso: la capacidad de engendrar una nueva vida. Alimente, ame y proteja a esa vida.

Retener o complacer a un hombre o sacrificarle sus hijos como cura artificial para sus propias heridas infantiles no es el camino más eficaz hacia la autoestima. El camino es valorar y honrar tus responsabilidades.

No acepte cualquier cosa por un supuesto afecto

Un hombre que insinúe siquiera o exija que haga lo contrario no vale ni el papel en el que habría que denunciarlo. Seguro que no la ama. Sólo la quiere para satisfacer sus propias necesidades. Y si satisface las suyas, eso significa que tendrá que buscar en su interior con toda franqueza.

Si se fortalece, encontrará muchos hombres maravillosos. Yo lo sé. Hablo con ellos todos los días en mi programa. De modo que, ¡basta de desesperación!

El precio que pagan nuestros hijos es demasiado elevado.

Durante años, me sentí atónita y deprimida por la aparente ausencia de instinto maternal. Un día, me enfrenté con este conflicto pero no como profesional sino como mujer y madre. Estuve a punto de que me rompieran la cabeza.

Mi esposo, nuestro hijo Deryk, de dos años y medio y

yo, pasábamos un fin de semana de vacaciones en la hermosa ciudad de San Diego. Supimos de un restaurante encantador, algo mejor que los lugares a los que solíamos ir a comer, de tipo más familiar. Pedimos la cena. Estaba impaciente esperando que me trajeran el salmón, y Deryk daba buena cuenta de las galletas y el pan. (Si está satisfecho, se queda relativamente tranquilo.)

Habíamos tenido un día agotador y como estábamos fatigados no hablábamos demasiado. Yo observaba a la gente que estaba alrededor. Entró una familia y se sentó en una mesa redonda, junto a la nuestra. El padre era muy alto, un sujeto corpulento y apuesto, de aspecto marcial. La esposa, de cabello castaño y vestido estampado, tenía apariencia suave. Había dos niños, un varón pequeño y una niña de unos ocho o nueve años. La madre y el padre se sentaron en lados opuestos de la mesa, el niño se sentó entre los dos, y la niña intentó sentarse junto a la madre. Oí que la niña suplicaba en tono plañidero que la dejaran sentarse junto a mamá. La madre no dijo nada. El padre ordenó con severidad que se sentara a su derecha, lejos de la madre. La niñita insistió, y el padre se puso más adusto aún. La madre callaba.

Evidentemente asustada, la niña caminó en mi dirección (el padre estaba sentado a mi espalda) para tomar la silla que el padre le indicaba. Mientras pasaba junto a él, el hombre la golpeó en la cara con unos dedos enormes.

Mi presión sanguínea subió tanto que los ojos casi me saltaron de las órbitas.

No pude dejarlo pasar.

Le dije de inmediato: —¿Cómo hace una cosa así? ¿Por qué la lastima de ese modo? Todo lo que pedía era sentarse junto a su madre... ¡y ahora comprendo por qué!

Fue el turno del hombre de enfurecerse.

Se levantó y comenzó a insultarme y a amenazar con pegarme.

Resultó evidente que era un patán. Me pareció que no tenía sentido hablar con él sin tener un guardaespaldas.

Me volví hacia la madre. Para ser honesta, estaba más furiosa con ella. Y dije:

—Este hombre es un patán, pero usted, ¿cómo es posible

que permita que cualquier hombre lastime a sus hijos? Estos niños salieron de su cuerpo... ¿por qué deja que los lastime?

La mujer permaneció sentada, muda, mientras el hombre me insultaba. Luego, farfulló que: "En realidad, no la golpeó tan fuerte."

Le repliqué: —¿Y eso qué importa?

A estas alturas, el gerente del restaurante, que había presenciado todo, se acercó y les pidió que se retiraran. Al parecer, los dueños de otros locales habían observado a esta familia como yo lo hice y habían hecho comentarios.

Se fueron.

El gerente coincidió con los otros dueños de restaurantes.

Yo quedé tan alterada que no pude terminar la cena.

El lunes siguiente, cuando salí al aire, relaté la anécdota a la audiencia y pedí opinión sobre mi reacción. Muchas personas manifestaron estar preocupadas de que el padre aumentara su maltrato al salir del local y dijeron que yo tendría que haberme mantenido al margen.

Supongo que es probable. Y quizá sea posible que la denuncia pública confirmara los sentimientos de la madre de que la conducta del esposo no era la correcta, y eso le diese valor para buscar una solución.

Al menos, así lo espero.

La cuestión sería la siguiente: si una madre no protege a sus hijos, ¿tenemos que mantenernos al margen? ¿En qué reside nuestra responsabilidad con respecto a la prevención del abuso? Desde luego que no existe una respuesta definitiva, ¡pero afirmo que si se presentara una oportunidad semejante, yo volvería a intervenir!

Este es un tema acerca del que pienso con frecuencia. Espero que ustedes también.

9

Impotencia tonta

"Oh, cuando estoy enfadada,
siempre lloriqueo y me lamento."

Las niñas saben cuándo están enfadadas. Y no tienen el menor escrúpulo en hacer que todo el mundo alrededor se entere de su enojo. Pero, ¿qué sucede cuando son mujeres y se enfrentan con un motivo real de ira?

En general, dudan de sí mismas, lloriquean, protestan, se culpan, se deprimen, se confunden y manifiestan muchas cosas por el estilo... menos enfrentar el problema con objetividad y valentía.

¿Asustada por las llamas?

¿Se deberá esto a que las mujeres no reconocen su propio derecho a la furia? No, no lo creo. Las ocasiones en que aguijoneé, regañé, provoqué y volví a regañar, llegamos a la realidad de la furia. El problema principal consiste en que las mujeres temen a las consecuencias de manifestar su propia ira. En consecuencia, en vez de enfadarse, olvidan, se confunden, se sienten heridas o deprimidas.

Veamos, por ejemplo, esta carta de una oyente de veintiocho años, que piensa casarse después de un año y medio de compromiso:

En nuestra relación, casi todo es bueno, pero tengo dudas con respecto a lo siguiente. Aunque tenemos relaciones sexuales satisfactorias, él suele eyacular demasiado rápido. Por lo general, me satisfago a mí misma. El asegura que nuestra vida sexual es estupenda pero quiere volver a eyacular y entonces, cuando me duermo, se pone a ver vídeos de lesbianas. Se masturba al menos una vez al día. Hacemos el amor dos o tres veces por semana. Mi prometido llamó a un servicio sexual telefónico sin decírmelo. ¿Este comportamiento es sano? ¿Qué puede significar? ¡Ayúdeme, por favor!

Además de la tristeza que manifiesta, esta carta es deprimente. Por ejemplo: "En nuestra relación, casi todo es bueno." ¿Acaso esta frase demuestra algún entusiasmo? Por otra parte: "... él suele eyacular demasiado rápido. Por lo general, me satisfago a mí misma." ¿Da la sensación de que él se interesa por ella? ¡No! Sólo le importan los orgasmos... en especial, si son impersonales. No es muy diestro en lo que se refiere a la intimidad.

La mujer que me escribe sabe que es desdichada y sin duda jugó con la idea de enfadarse, pero no se lo permitió a sí misma. En lugar de enfurecerse, intelectualiza la situación y se pregunta qué significará esa conducta. Eso indicaría que si alguien, en particular el prometido, le da una explicación aparentemente razonable de su comportamiento, estaría dispuesta a guardarse los sentimientos heridos, la cólera y la insatisfacción.

¿Acaso más adelante deje de lado su propio disgusto la percepción del egoísmo del novio y la pena por la falta de afecto recíproco e intimidad? Es probable.

Las mujeres se sienten heridas en vez de furiosas

Como ya dije, en este tipo de situaciones, el problema consiste en que a menudo las mujeres se sienten heridas cuando deberían de expresar ira. Y en tanto se sientan lastimadas, no adoptarán ninguna medida concreta para modificar, mejorar o salir de una situación desagradable.

Una herida la deja impotente

Por supuesto, una herida es un daño. En lo que se refiere a nuestro tema de discusión, no alude a una rodilla despellejada o a un músculo contraído sino al dolor emocional. El daño no es físico sino psíquico. Nos lastiman las acciones de otras personas que no son como esperábamos, o que según suponíamos, teníamos derecho a esperar, o la falta de afecto hacia nosotros. Es obvio que sentirse herido manifiesta un grado importante de ligazón emocional y acentúa nuestra necesidad hacia otra persona, sea saludable o no.

La ira es energía

La ira expresa un disgusto mayúsculo, hostilidad e indignación. Puede tener variadas facetas: irritación, enfado, resentimiento, cólera y furia. Pero cualquiera sea el aspecto que adopte, el denominador común es la energía.

Depresión: la ausencia de autodefensa

Cuando nosotros o el orden de nuestro microcosmos se ven amenazados reaccionamos con ansiedad o enojo. Estos son mecanismos internos que nos ayudan a ponernos en acción para proteger, defender y restablecer nuestra sensación de seguridad y control. La depresión aparece en ausencia de este mecanismo.

Cuando nos deprimimos, nos limitamos a aceptar la situación de manera pasiva y sumisa. Mucho más saludable sería alzarse contra la injusticia y exigir compensación o cambio.

Aprender a actuar impulsadas por el enfado

Por más saludable que resulte, no es característico del comportamiento femenino ponerse en contacto con esos sentimientos intensos.

En cuanto Judy, una interlocutora, comenzó a hablar, me impresionó su tristeza. Con la voz teñida de pena describió una situación que a cualquier otra persona la habría destrozado. Unos tres años antes, cuando Judy tenía alrededor de treinta y cinco, se enfrentó con su padre acusándolo de haber abusado de ella cuando era niña, y el padre lo admitió. Pero luego se retractó y afirmó que Judy había inventado todo. Y la madre apoyó al esposo.

A esas alturas, Judy exigió al esposo que cortara todo lazo con el suegro y aparentemente lo hizo... hasta que Judy descubrió que poco tiempo atrás se habían visto. Y ahora se sentía "muy deprimida y abatida" con respecto a la situación. ¿Deprimida y abatida... no furiosa? Le insinué que las mujeres, con frecuencia, remplazaban la ira por la depresión y entonces admitió que también se sentía algo enfadada.

Judy dijo, llorando sin tapujos: —Le dije a mi marido que me parecía una traición de su parte que se viera con mi padre.

Dra. Laura: —Pero Judy, lo sientes, lo piensas, se lo dijiste y de todos modos él lo hizo. ¿Y sabes por qué te deprimes? Porque de ese modo no tienes que enfrentarte con ello. ¿No es cierto?

—Es verdad, es verdad.

—Bueno, basta de depresión. Ya sufriste bastante. ¡No toleres el egoísmo de los demás!

—Muy bien. ¿Cómo...?

—Podrías comenzar por decirle a tu esposo que su lealtad tiene que estar de un lado o de otro y que, si no se decide, le dejarás... Tengo la sensación de que esta deslealtad no es algo inesperado.

—No, no lo es.

—Muy bien, Judy. En mi opinión, es una forma de maltrato.

—De acuerdo.

—¡Ponte de pie, pues! ¡Basta de depresión!

Judy ríe.

—Judy, es justo que estés enfadada. Tu ira es real, válida, está justificada. Haz algo al respecto... y no quiero decir que le des un golpe en la cabeza. —Judy volvió a reír.

—Dile que decida... o le dejarás. En lo que se refiere a tu madre y a tu padre, lo siento pero no siempre los óvulos y los espermatozoides provienen de personas que tengan el honor y la integridad como para ser padres auténticos.

—Lo que sucede es que... a pesar de todo uno necesita del amor de los padres.

—¡Olvídalo! No tienen capacidad de amar... salvo a sí mismos, si es que eso puede llamarse amor.

—Es cierto. De acuerdo.

—Basta de depresión, entonces. Di: "Laura, estoy enfadada."

—Laura... ¡estoy enfadada!

—¡Hurra!

La personalidad pasiva-sumisa

Lo que más tristeza me provoca son las personas que no cesan de intentar obtener amor y aprobación de parte de seres abusivos, babosos, in (o a) morales, insensibles, negligentes, repugnantes, que sólo son donantes de óvulos y esperma: en resumen, padres despreciables. Y, por lo común, el paso siguiente en cuanto se independizan y están fuera del nido, es que busquen un marido o una esposa muy similar a esos padres: esta es una definición nueva, perversa de lo "normal".

Es entonces cuando recibo cartas como la siguiente, en este caso de una mujer de cincuenta años. ¡El esposo la engañó abiertamente con la vecina durante ocho años! "Recurrí a tres psicólogos y a dos grupos de autoayuda tratando de descubrir por qué este comportamiento de mi esposo me inquieta tanto..."

He aquí otra de las típicas reacciones femeninas: culparse a sí mismas. Parece más seguro que culpar a quien corresponde y arriesgarse a la intimidad y a la vulnerabilidad posibles al relacionarse con gente más sana. Se cree más fácil que luchar contra el miedo, el dolor y la pérdida y convertirse en una persona más sana.

Apego desesperado

Además de la aparente seguridad que brinda la pasividad y la sumisión, el no arriesgarse al dolor del cambio o de la pérdida, existe otro motivo importante tras la reacción de "debo de ser yo" ante la actitud insana de otra persona. En ocasiones, gran parte de la identidad de una mujer, como la de un niño, proviene del apego desesperado a un varón. Eso significa que las acciones del hombre están inexorablemente ligadas a la autoestima de la mujer.

El novio de Sue también utiliza las líneas eróticas de teléfono y eso la hace sentir muy mal... consigo misma.

Dra. Laura: —En lugar de preguntarte: "¿Qué tengo yo de malo?", quisiera que te preguntes: "¡Caramba!, ¿acaso quiero a un tipo que haga semejante cosa? ¿Quiero que un sujeto como éste sea el padre de mis hijos?" ¿Por qué crees que reaccionaste de inmediato cuestionándote a ti misma?

Sue: —Porque... bueno... siempre pienso que soy yo la que tiene problemas.

—No me respondiste la pregunta. Siempre te preguntas: "¿Qué tengo de malo?" Sue, te diré de qué se trata. Estás tan ansiosa de que un hombre te quiera que no te importa qué clase de sujeto sea, sólo te importa que te quiera. No eliges. Te quedas pasiva y esperas que te elijan.

—Sí.

—Ese es el problema. Necesitas demasiado el afecto.

—Así es.

—Una persona independiente se apartaría y diría: "¡Qué patán!"

—Es cierto.

—Sería una pérdida de tiempo acusarlo a él porque recurre al sexo telefónico. En tu lugar, yo no me molestaría en hacerlo. Lo que tienes que decirte es: "Soy una mujer madura y me respeto a mí misma." Sue, tal vez tengas que mentir un poquito...

Sue ríe.

—...Este sería un buen ejercicio. "¿Quiero a un hombre que se comporta de este modo... le quiero? Sin tener en cuenta si él me quiere o no... ¿quiero yo a este tipo de hombre?" Sue, respóndete esa pregunta. Eso es lo que haría ya mismo una mujer independiente y madura. Tienes la oportunidad de ser esa clase de mujer.

—¡Muy bien, ya lo he entendido!

Pasar a la ofensiva

¿Advirtió que las mujeres suelen ponerse de inmediato a la defensiva? Si pasara a la ofensiva, su hombre tal vez descubriría que tiene delante a un oponente de cuidado. Y eso significaría aceptar que tiene fibra como para semejante desafío. Te aseguro un éxito total, pero también que la autoafirmación se vuelve más natural cuanto más se ejerce.

Cuando me llamó Sylvia, aseguró que "suelo depositar mis esperanzas en un hombre, que luego me hiere y me decepciona", y me dio el siguiente ejemplo: una semana antes llamó por teléfono a un hombre al que había conocido a través de la iglesia y que luego no vio durante un tiempo. Tenían la costumbre de ir a almorzar después del servicio religioso y por lo tanto, cuando él le dijo: "Nos vemos en la iglesia", ella supuso que almorzarían juntos. Pero al llegar el domingo, el hombre estaba con otra mujer.

Dra. Laura: —Sylvia, tú hiciste una suposición. Pero las esperanzas, los sueños y las fantasías no tienen poder. Si quieres algo, tienes que estar dispuesta a decirlo.

Sylvia: —Sí, lo entiendo.

—No estoy segura. Tú hablas de "decepción", y existe una gran diferencia entre la deslealtad de una persona y el hecho de que esa persona no tenga la menor idea de lo que tienes en mente.

—Ahora comprendo que ya hice antes cosas parecidas. ¿Cómo hago para dejar de hacerlo?

—Dile: "En verdad, me gustaría estar contigo en la iglesia y luego, ir a almorzar juntos como solíamos hacerlo." En ese caso, él puede aceptar, o decirte que no puede porque tiene un compromiso previo, o que tiene una novia, o cualquier otra cosa. Pero tienes que decir lo que quieres, lo que piensas, necesitas y sientes. Es necesario que estés dispuesta a decirlo.

—Sé que estamos en la década de 1990, y que ahora las mujeres tenemos la posibilidad de hacerlo. Y en lo que respecta a esta relación, tomé la iniciativa más que él. Por lo tanto, la actitud de él me indica que no está interesado en mí.

—¡Bueno, ya sabes que no todos tienen buen gusto!

Sylvia responde riendo: —¡Eres maravillosa!

—Busca a alguien que tenga buen gusto, y deja claro quién es Sylvia y qué es lo que le gusta. Querida, tienes que ser más afirmativa.

—¡Sí, me empeño en aprenderlo constantemente! Gracias.

En este caso, sólo se refiere a una cita. En ocasiones, se refiere al matrimonio.

El feudo familiar

Llorando, Lee me llamó para consultar sobre un problema familiar. Según me contó, ella y el esposo abrieron su propia empresa unos años atrás y, por insistencia del marido, contrataron al hermano y a la hermana de éste suponiendo que en el futuro abrirían otro local y ellos lo administrarían. Sin embargo, resultó muy mal. Los cuñados de Lee no sólo resultaron incapaces al punto de tener que despedirlos sino que además se apropiaron de fondos de la empresa. Lee y el esposo decidieron no acusarlos para salvaguardar a la familia. En el presente, Lee se veía obligada a asistir a una celebración familiar de Pascuas, con "esa gente que nos hizo daño".

Me pregunté si la palabra era en verdad "daño". No. Lee estaba furiosa. Furiosa, porque desde el comienzo ella se opuso a que contrataran a los cuñados, pero el marido insistió. Porque esos familiares pudieron más que ella y ella fue demasiado delicada, escrupulosa o tímida como para enfrentarse con ellos.

—No sé si te sientes herida —le dije— porque os estafa-

180

ron o enfadada porque fuiste impotente para reaccionar, por temor a enfrentarte con tu esposo. —Aconsejé a Lee que hiciera algo relacionado con el enfrentamiento, al menos exigir a la familia una reunión de mediación. Porque permanecer en una posición derrotista hace daño, ya se trate de hacer frente a personas que traicionan la confianza de uno o de un esposo que adopta decisiones sin tener en cuenta los sentimientos o la intuición de la esposa.

La ira reprimida mata

Según un artículo aparecido en *Medical Tribune News Service*, "La ira reprimida puede acrecentar el riesgo de muerte por enfermedades cardíacas o cáncer. Las mujeres casadas que reprimen la furia corren el mayor riesgo de muerte prematura. Con respecto a las mujeres en general, y a las casadas existe una relación directa, mayor que para los hombres, entre la represión de la ira y la mortalidad."

Y, en efecto, las mujeres reprimen el enfado... por miedo al enfrentamiento directo o a las discusiones violentas, que no consideran agradables ni femeninas. Les preocupan el rechazo y la crítica. Les preocupan en tal medida que en lugar de expresar una cólera justificada se muestran heridas, resentidas, deprimidas, ejercen pequeñas venganzas sutiles y sufren. Y si tenemos en cuenta el estudio antes mencionado, enferman y mueren.

Los orígenes de la timidez

Alicia, de cuarenta y siete años, es una mujer de negocios de éxito pero posee una característica que la inquieta: no tiene "valor para decirle a la gente lo que tiene que hacer". Hasta le faltó ánimo para decirle a la asistente de limpieza que aparcara en otro sitio para que Alicia tuviera lugar donde aparcar su propio automóvil. ¿Por qué?

—Me sentiría muy culpable por herir los sentimientos de esa señora —dijo.

Le dije que "ya no tiene cinco años. Sus padres ya no le quitarán la asignación semanal ni la mandarán a su cuarto sin cenar. Usted habla desde la posición ventajosa de una niña cuyo bienestar depende por entero de la buena voluntad de los padres. Pero ya es una mujer adulta, y existen otras personas que dependen de su buena voluntad. Sin embargo, no se comporta como una adulta. ¡En su mente, sigue siendo una niña de cinco años, temerosa de que mamá y papá la regañen!

La pérdida del afecto parental: un temor paralizante

He aquí el meollo de la cuestión. Las mujeres temen herir a los demás porque si los demás se enfadan... y es posible que lo hagan, las rechazarán o las castigarán. ¡Y entonces, estarán perdidas!

Estoy convencida de que la afinidad particular de las mujeres con las relaciones y el afecto es un rasgo encantador, aunque hay aspectos de dicha afinidad que son insanos. Cuando una mujer teme perder cualquier tipo de vínculo, hasta el más insignificante (sé que es difícil encontrar una buena asistente de limpieza), el más peligroso, destructivo o insatisfactorio... es que han llegado demasiado lejos.

Esto vale también con respecto a la relación con los padres.

De hecho, es en dicha relación donde comienza. Y si no se resuelve puede quedar fijada para siempre.

Teresa, una interlocutora de veintisiete años, era la personificación del miedo. Estaba tan asustada que al principio no la entendí. Cuando se calmó, comprendí que todavía se sentía culpable porque se fue de su casa para asistir a la universidad contra el deseo de los padres y nunca volvió a vivir con ellos de modo permanente. No obstante, se mantenía cerca de la familia; estaba muy apenada (y se sentía culpable) por el fallecimiento reciente del padre. Teresa tenía un empleo con buenas perspectivas y convivía con una persona. Por fin, resultó ser que el problema giraba en torno de esa persona. Teresa comenzó a salir con él, tal vez como una "muleta" según su propia expresión, en la época de la muerte del padre. Ahora, el hombre la presionaba para que se casaran, pero Teresa se negaba debido a la inseguridad y la exagerada dependencia del novio hacia ella.

Dra. Laura: —Me da la impresión de que no quieres casarte con él. En realidad, me parece que desearías que se fuera.

Teresa, riendo: —Sin embargo, él depende mucho de mí.

—¡También tus padres... tu familia!

—Sí, supongo que sí.

—Sí, tanto tu familia como tu novio te presionan para que satisfagas sus necesidades y te sientes culpable porque quieres... y lo haces, anteponer tus propias necesidades. La muerte de tu padre, un castigo por haberte ido de casa, te impulsa a estar con este sujeto... ¡que es igual a tu familia!

—Quizá tenga razón.

—¿Por qué no respondes sin dudar?

—Sí, creo que sí.

—¿Por qué no te das el lujo de ser honesta en este mismo instante?

—¡De acuerdo! ¡Quiero cortar con este hombre! Pero no deseo herirlo.

—Teresa, no hay vida sin dolor... y a menudo experimentar dolor y superarlo es el precio del crecimiento.

—Es cierto.

—La medida de tu valor como persona digna de amor no consiste en que no provoques dolor. No es lo mismo ejercer una crueldad intencionada que causar dolor comprensible que siente el otro cuando no obtiene lo que desea, o se ve obligado a enfrentar su propia debilidad. Esta es una parte normal de la vida... una herida inevitable.

—¿Y qué tengo que decirle?

—Que lamentas no compartir el deseo de él de comprometerse y casarse, y que la relación tiene que terminar. Pienso que, en el fondo, tienes más miedo de concretar tus propios deseos que de ser cruel o egoísta.

—Me acusaron de serlo.

—¡Yo jamás te acusaría de algo semejante!

—Está bien.

—Teresa, por este acto te otorgo a ti, de veintisiete años, que has luchado durante muchos para afirmar tu individualidad, el derecho de hacer lo que desees. Si de verdad estás en la posición que quieres, serás una persona mucho más generosa. Lo que estás haciendo ahora no es dar sino resignarte.

—Tiene razón, gracias.

Inclúyas en la ecuación

Existe una enorme diferencia entre la cooperación derivada del respeto y la sumisión, producto del miedo al rechazo. Las mujeres necesitan creer que, como cualquier ser humano (incluyendo padres, hermanos, esposos, amigos), tienen el privilegio y la capacidad de ser individuos únicos por derecho propio. Esto no significa ser siempre hostil sino incluirse en la ecuación... ¡y no como un descarte, un producto de segunda!

Por lo tanto, cuando los demás se toman libertades indebidas, cuando traicionan su confianza, cuando manifiestan un desinterés absoluto por su bienestar, cuando usan y abusan de usted sin remordimientos, cuando se niegan a aceptar la responsabilidad ante el dolor o la pena que sufre... ¡por favor, no se quede impasible comiendo, bebiendo, drogándose, durmiendo o trabajando sin descanso para no ver la realidad del desamor de los otros!

¡Abajo el "beneficio de la duda"!

Es doloroso presenciar esta negación y el débil intento de otorgar a los demás el beneficio de la duda. ¿No logra que la comprendan porque redactas mal? ¿Su voz es demasiado baja? ¿El no oye bien y no escucha la voz femenina, más aguda? ¡No! ¡No! ¡No! ¡Lo que sucede es que a él no le importa de usted y sabe que de todos modos puede salirse con la suya!

¡Nunca más!

¡Esa es la importancia de la ira! Establece límites, indica a los demás que sufrirán las consecuencias, les dice: "¡Nunca más!"

Tiene que abandonar la ilusión de que satisfacer las necesidades de los otros le dará amor. La fantasía de conquistar aprobación o amor soportando mucho tiempo el sufrimiento provocado por la tozudez y el egocentrismo de los demás no es más que eso: una fantasía. Además, incita al odio.

Valentía: la curación instantánea

Si tememos parecer fuera de lugar al exhibir nuestro dolor, nuestra vulnerabilidad, si tememos la cólera, la desaprobación o el castigo, desplazamos nuestra propia furia. El remedio inmediato para este desplazamiento consiste en tener el valor de hablar en forma directa... ¡y descubrir, con placer infinito y perdurable, que somos capaces de superarlo!

Cuando la cólera es injusta

Pese a lo antedicho, admito que no siempre la cólera es justa. Puede resultar inapropiada, carecer de validez, desperdiciarse o volcarse en la dirección equivocada... y hasta de modo deliberado.

Cuando "se pones como loca"

¡Sí! A raíz de la concepción romántica y casi demente que se expresa en "Yo tengo una pareja, luego existo", las mujeres se exponen con exagerada frecuencia al dolor y a la furia en las relaciones con los hombres.

Eso se manifiesta, por ejemplo, en interesarse por todos los asuntos del hombre como una forma de atraparlo. ¿Qué obtienen así? ¿Un socio? ¿Un amigo con el que comparten intereses y respeto mutuo? No. La consecuencia es pasar los próximos veinte años enfadada con ese hombre al sentir que sus propios intereses no cuentan para nada.

Como repetí a lo largo de los capítulos anteriores, las mujeres tienden a transformar las relaciones en el centro de su vida, en su identidad, mientras que para los hombres es sólo una parte de su vida. Por ese motivo, sienten un perpetuo enfado hacia los hombres por no ser cariñosos y no brindarles intimidad.

Hace poco, llamó una mujer que se describió como una persona "melancólica, generosa, cariñosa y sacrificada", y a su hombre como "egocéntrico". Es una queja bastante frecuente. Le pregunté si podía también considerarlo "enérgico, interesado, activo, decidido", y respondió que sí.

Las mujeres, temerosas de arriesgarse, a menudo eligen ese tipo de hombres para sentirse completas a través de otra persona. De ese modo, experimentan por delegación las cualidades que no se atreven a manifestar por sí mismas. Pero el conflicto aparece más adelante, cuando reprochan al compañero por esas mismas cualidades que en un principio las atrajeron.

No existe más que una solución: las mujeres tienen que dar a su vida otra dimensión además del "¡Amor!"

Enfado ilegítimo

¿Os acordáis de Janine, que le pidió a su esposo que se tendiera con ella sobre la hierba para contemplar las estrellas? A cambio, el marido le sugirió que vieran la televisión juntos. Janine me llamó para contarme que se sentía "muy herida por el rechazo de mi esposo". Le pregunté si alguna vez había sido un individuo romántico, y me respondió que "No, pero..." (Cuando las mujeres pronuncian ese "pero", siempre las interrumpo porque impide la respuesta concreta: "No.") Lo que le repliqué fue que se había casado con un magnífico elefante y que ahora se sentía irritada porque no tenía a su lado a un gatito ronroneante. ¡No es justo!

Este tipo de reacción no es rara: yo la llamo "sentimiento herido ilegítimo". Y aquí va otro ejemplo:

Generosidad "interesada"

Vicky, de veinticinco años, casada desde hace tres, siente que el amor de su esposo ya no es incondicional como antes de casarse.

—Antes —me cuenta— él me apreciaba, pero creo que ya no... Cada vez que hago algo agradable para él siempre me hace algún reproche en lugar de darme las gracias. —Asegura que tiene temor de hacer cualquier cosa, de equivocarse y que el esposo se enfade. Y lo que sigue es un ejemplo.

Vicky se disponía a preparar sopa de pollo y le preguntó a su esposo si quería que le dejara la piel. Le respondió que le daba lo mismo. Sin embargo, ella no dejó de insistir... hasta que el hombre gritó: "¡No me importa!"

—Yo también te habría gritado. A nadie le gusta que lo fastidien —le dije, y luego le di mi interpretación.

Es muy probable que el sujeto sea un canalla, en cuyo caso Vicky debería dejarlo, pero yo creo que tras esa reacción hay otros motivos. Existe una gran diferencia entre brindar atenciones a alguien como una muestra de afecto y hacerlo para halagar o manipular al otro, para mostrarnos de una manera determinada o recibir a cambio una reacción que nos haga sentir más plenas. No es una atención, es un intento de seducción. No es un gesto de cariño, es manipulación.

El desequilibrio delator

Si después de cierto tiempo el hombre siente que usted en realidad no se brinda sino que lo manipula para que cambie, para que haga lo que usted desea, se volverá cada vez más resentido. Tal vez el comportamiento de Vicky esté provocando resentimiento al esposo. Si no fuese así, significaría que ese hombre es un ser detestable.

Cualquiera sea la realidad, el hecho de hacer algo a cambio de otra cosa es una manera indirecta de pedir. Cuando nos damos a los demás esperando algo a cambio, lo hacemos por ser vulnerables y débiles, y luego vemos, perplejos, que en lugar de obtener lo que deseamos el otro se resiente y se enfada cada vez más. Es el desequilbrio que me indica que el esposo de Vicky no percibe los actos de ésta como gestos de afecto sino como intentos indirectos de obtener algo, y esta actitud le hace sentir ineficaz para satisfacer las exigencias de la esposa.

Asegurarse el mazo de naipes

Jicka, de veinticuatro años, sufre los mismos síntomas. Llamó para preguntar cómo podía recuperarse de un engaño. Me contó que su novio había tenido una cita y, quizá, relaciones sexuales. Después de varias preguntas, he aquí lo que saqué en limpio: no habían acordado ningún compromiso, ni fidelidad sexual. Por el contrario, Jicka afirmó en reiteradas ocasiones que no tenía intenciones de casarse con él (mentira defensiva).

Le respondí que en esas circunstancias no se podía hablar de engaño, y esta respuesta la sorprendió. ¡En verdad, esperaba absoluta lealtad y fidelidad sin dar a cambio otra cosa que el empeño en conservar distancias! En consecuencia, para Jicka quedó demostrado lo que más temía: ¡no se puede confiar en los hombres! ¿Quién puede hablar de asegurarse los naipes ganadores? Digamos más bien que se trata de juzgar al otro bajo pautas por completo injustas.

Cuando usted se siente herida

Daré algunos ejemplos de sentimientos heridos sin motivos válidos o apropiados, que no son reacciones a situaciones presentes sino ecos de dolores del pasado, sobreimpresos en cuestiones actuales, con respecto a las cuales no cabría esperar ese tipo de reacción.

Enfado ilegítimo

Es posible que el enfado sea ilegítimo o injusto. Lisa, de veinticinco años, sale con un joven desde hace dos años. El novio no quiere convivir con ella ni está preparado para el matrimonio. Sin embargo, disfruta de la relación y ha sido siempre sincero con respecto a sus sentimientos. Pero Lisa está enfadada.

Le señalé que tendría derecho a estar enfadada si él fuese malvado, cruel, manipulador, odioso, o cosas por el estilo. Pero como siempre se mostró honesto, no tiene sentido que se enfurezca. Sería más apropiado hablar de decepción.

En concreto, Lisa no está verdaderamente enfadada con el novio sino que se siente incompleta como persona y esperaba que el matrimonio resolviera su propio conflicto. Y la oposición del hombre representa un obstáculo para el logro de satisfacción, seguridad e identidad. ¡Por lo tanto, está furiosa!

Le sugerí que tendría que dirigir su enfado, no hacia él sino hacia su propio crecimiento personal. Tanta furia reprimida podría convertirse en una fuente de energía para impulsar dicho crecimiento y obtener un éxito espectacular.

Furia desperdiciada

Belinda, de cuarenta años, estuvo casada durante veintidós y tiene tres hijos de seis, quince y veintiún años. Desde 1988, el esposo entabló una relación romántica con otra mujer. Cuando Belinda descubrió ese romance, el esposo no le pidió perdón, se limitó a decirle que "lamentaba que yo resultara herida". Incluso en la actualidad, el número de teléfono de esa mujer aparece cada tres meses en la factura telefónica de Belinda.

—Creo que lo hace de manera deliberada —insiste— para castigarme por algo.

Dra. Laura: —Como castigo... ¡qué interesante! Yo creo que él lo hace sencillamente porque quiere, y sabe que puede hacerlo.

Belinda: —Pero yo no quiero que siga haciéndolo.

—¿Y qué alternativa tienes?

—Tengo hijos y... bueno... quedarme o abandonarlo.

—Así es. No podrás hacerle cambiar pues él no está dispuesto.

—No, no lo está.

—Por lo tanto, si quieres o sientes que necesitas quedarte, tienes que decirte: "Decido quedarme por la seguridad de los niños." Y termina con el conflicto.

—¿No le hago caso?

—Bueno, si decides quedarte en beneficio de los niños, también tendrás que aceptar eso. Comprende que elegirías hacer un sacrificio... a veces en la vida tenemos que hacerlos. Si tomas la decisión, no tienes más alternativa que aceptarlo. Pero no lo aceptaste porque te encuentras en una situación de impotencia, lo comprendo. Sin embargo, intentaste obligar a tu esposo a cambiar: es inútil. Pero si sigues teniendo relaciones con él, usa preservativos.

—Gracias, doctora Laura.

Quisiera aclarar que no estoy disculpando la conducta de ese hombre sino intentando salvar a Belinda de un ataque cardíaco. Pues en ocasiones, cuando una mujer cree que en verdad acepta una carga, en realidad no la acepta. Por el contrario, siente mayor impulso de cambiar la situación. Pero no cuando la furia está mal dirigida.

Furia mal dirigida

Sally está embarazada de cinco meses y tiene otro niño pequeño. Llamó para contar que se mostraba "cruel" hacia el esposo y quería saber por qué.

Primero dijo: —Todo está bien —pero al fin, admitió—: Bueno, me siento constantemente fatigada, no nos divertimos como antes y al parecer, hay muy poco tiempo para el afecto y el sexo.

Sin duda, siente el peso de las responsabilidades maternales y no puede enfrentar de manera directa las necesidades diferentes que aparecieron en su vida, ni tampoco el hecho de que esos cambios afectan a sus propias necesidades. Con frecuencia, las mujeres son incapaces de admitir que no pueden "con todo". Y entonces, se vuelven crueles.

Le recomendé a Sally que hablara con el esposo sin rodeos y le contase sus miedos, la sensación de pérdida, las preocupaciones, todo... estoy segura de que descubrirá que comparten los mismos sentimientos.

Por qué la historia se repite

Recapitulemos: los primeros afectos de la infancia, el amor y las experiencias positivas nos enseñan que somos dignos de amor y que por lo general los vínculos emocionales nos brindan seguridad, nos protegen... o bien todo lo contrario. En el último caso, lo que esperamos es dolor, pérdidas, traición. En esta situación, resulta asombroso comprobar cómo la historia se repite en nuestras relaciones adultas. Siempre terminamos heridos. La furia que sería lógica ante determinadas situaciones queda aplastada por dudas inconcebibles que nos llevan a sentir que no tenemos derecho a enfadarnos: no valemos lo bastante como para enfurecernos.

Amén

No obstante, el único modo de sentir que tenemos derecho al enfado, cuando es real, es creer en cierto derecho universal, inalienable al respeto, el honor, el compromiso, el afecto y el amor, y en consecuencia, tenemos derecho a ganarlos ante nuestra propia vista a través de esfuerzos valerosos en nuestro propio beneficio en cada aspecto de la vida: el trabajo, las relaciones y el amor. Elecciones valientes. Actos valerosos. Ganarnos la autoestima. Amén.

Quisiera terminar con la historia de Judy, de veintiocho años, que está por completo desviada en lo que se refiere al enfado.

Acaba de descubrir que su prometido tiene un hijo de cinco años al que no ve ni aporta ayuda financiera. Judy está enfadada porque "si él no confía lo suficiente en mí para contármelo, la relación no puede consolidarse". Le señalé que si pensaba tener hijos con ese hombre tendría que preocuparse más de que no hiciera nada por cumplir sus obligaciones y sus responsabilidades paternales.

Al parecer, no reaccionó ante mi sugerencia. Está más preocupada con respecto a la solidez de su relación que a ese rasgo del futuro marido.

Y... bueno.

10

Perdón erróneo

"Se que me engaña, que es adicto,
autoritario, insensible y violento,
pero... fuera de eso..."

¿Alguna vez vio cómo la mantis religiosa permanece inmóvil sin reaccionar ante lo que ocurre alrededor? La única criatura capaz de semejante paciencia y tolerancia ilimitadas es la hembra humana... que puede inventar millones de excusas para no apartarse de una relación que se deteriora o escapar para siempre de una pareja con la que ya se encuentra involucrada.

Dichas excusas abarcan apelaciones al sentido práctico, el amor carente de egoísmo, la obligación y el compromiso. Como representan ideales elevados resultan una defensa eficaz.

Si tiene el coraje de mirar un poco más a fondo, descubrirá temor, dudas, el empeño de evitar la inquietud y pautas de relación rígidas que quedaron fijadas a partir de la dinámica familiar de su infancia.

El argumento del sentido práctico

Comencemos por examinar el tema del sentido práctico. Anita llamó para comentarnos de qué modo intentaba establecer un equilibrio entre el esposo que consume marihuana y el ex esposo con quien tiene relaciones sexuales ocasionales. Hablamos de las alternativas posibles: psicoterapia individual, matrimonial, mantener la situación actual o separarse, pero no la convencía ninguna de ellas. Presentó millones de pretextos por los que no podía o quería cambiar ninguna parte de la situación presente.

Semanas más tarde recibí de Anita una carta esclarecedora, coherente, que me oprimió el corazón. Me explicaba que se casó con el segundo marido, que "no era demasiado bueno", para brindar a los hijos tanto una madre de tiempo completo como un padre que los sostuviera. Se quedó con el adicto porque "es mejor un padre drogadicto que no tener ninguno". Si a estas alturas te asalta una sensación de algo conocido, no te equivocas. La excusa de que "cualquier clase de padre puede servir" es uno de los temas principales de este libro.

Cuando le dije a Anita que necesitaba encontrar un propósito en su vida, estuvo de acuerdo, pero afirmó que sólo pretendía ser una buena madre para sus hijos. Y continuó:

> Quise que tuvieran lo que yo no había tenido: atención de los padres, una vida hogareña, ropa nueva de tanto en tanto, un buen automóvil y una casa agradable, ayuda en las tareas escolares, relaciones sociales... en fin, todas las cosas normales que merece un niño. Estoy en perfectas condiciones de salir al mundo y conseguir un buen empleo, pero prefiero ser una buena ama de casa.
>
> No espero que mi ex esposo me salve. Más bien pienso que nos rescatamos mutuamente de una vida sin amor... aunque sólo sea un par de horas al mes. Es muy triste vivir sin amor. En ocasiones, una (¡yo!) pierde de vista las realidades y complicaciones de la vida.
>
> Quizás aquellas mujeres que vivieron las etapas en el orden adecuado (primero, la educación, después una carrera y por último los hijos) no tengan tanto miedo ante el mundo. Pero

para las que tenemos que enfrentar el futuro sin contar con una buena preparación, y sabemos que muchas almas dependen de nosotras, las alternativas no son tan fáciles.
Anita.

Creo que una carta como ésta es capaz de hacer llorar a una planta. Pero por fortuna, yo soy una psicoterapeuta fría y sin corazón que sólo desea que la gente sea mejor y más feliz, de modo que no me dejaré conmover.

Cuando no está dispuesta a cambiar

En esencia, Anita no es honesta consigo misma. Por cierto, querría que su situación fuese diferente para sentirse más satisfecha. No obstante —y aquí viene el "enganche"— no tiene la menor intención de cambiar. Claro que existen pretextos y racionalizaciones, pero todo puede resumirse en: "¿Cómo puedo cambiar esta situación sin tocar nada?" ¿Por qué?

Como he manifestado en numerosas sesiones de entrenamiento para asesores y en charlas públicas, la mayoría de nuestros problemas no se deben a que seamos estúpidos o locos sino a nuestros intentos de resolver otros problemas que no son los fundamentales. Los efectos colaterales de esos intentos conducen a la inmovilidad, la frustración y la infelicidad. A estas alturas, sólo logramos construir un castillo de naipes. Si quitamos el naipe de abajo, lo que sin duda nos veremos obligados a hacer, toda la estructura se derrumbará. Y quedaremos aplastados.

Qué pasa cuando intentamos
resolver ese otro problema

Lo que Anita trataba de resolver no se refería en realidad al bienestar de los hijos sino a su propia infancia, que al parecer fue desdichada y solitaria. En consecuencia, tuvo hijos con un hombre que le recordaba el alejamiento emocional de los padres y luego se sacrificó por los hijos del mismo modo que hubiese deseado lo hicieran sus padres por ella.

En apariencia, esto redundaría en beneficio de los hijos, pero por cierto no es bueno para Anita misma.

Hacer las paces con nuestras transacciones

Todo tiene un precio. La salud y la paz interior provienen de reconocerlo, aceptarlo y pagar ese precio. Por lo tanto, este es mi consejo para Anita:

Tiene que hacer las paces con tus decisiones y transacciones. Quizás un cambio de actitud podría brindarle la felicidad... y ese cambio es la única posibilidad si no quiere cambiar nada de la situación.

Existen circunstancias en las que decidirá hacer una de esas transacciones: por ejemplo, mantener una mala situación por buenos motivos. De lo que se trata es de que deben hacerse a conciencia y de manera madura. En caso contrario, se expone a la desilusión, la frustración, la ira y el dolor.

En ese caso, no sería una víctima sino una voluntaria que no se comporta con madurez.

¡Cambie o cállese la boca!

Por lo general, las mujeres se resisten a la idea de reconocer de frente quiénes son en realidad, aceptarlo y seguir adelante. ¿Acaso supones que las quejas continuas desde la posición de víctima y las protestas de infelicidad la absuelven de la responsabilidad ante sus propias elecciones? ¿Cree que si se lamenta con bastante fuerza o durante mucho tiempo las cosas cambiarán por sí mismas?

¡Olvídelo!

Lo que se puede reciclar es la basura

Liz, de treinta y nueve años, tiene lo que ella considera una pareja desde hace seis años. Tienen una hija de cuatro años... mejor dicho, la tiene Liz, porque el padre se fue tan pronto la dejó embarazada. Liz está tan resentida como confusa, pues el sujeto aparece y la abandona reiteradamente, en busca de sexo, dinero, un techo, atención o cualquier otra cosa y luego se marcha en cuanto surge algo o alguien que le parezca más interesante.

¿Y a eso le llama un compromiso de reciclar la relación?

Liz demostró tanta furia y confusión ante el último abandono del hombre que me sorprendió. Le pregunté por qué la asombraba tanto que un gorila se comiese otra banana.

¡Hasta qué punto puede cegarte una fantasía! ¡Muchacha, abre los ojos!

Cuando es más fácil no elegir

Por supuesto que lo que más atemoriza y duele es enfrentar la realidad. En ocasiones, es más fácil no elegir que cambiar. Tiene que recurrir a algo para eludir el dolor: furia, drogas, comida, romances, depresión, enfermedades físicas, jugar con la idea del suicidio, eternos grupos de recuperación... ¡cualquier cosa!

A pesar de todo, el verdadero desafío consiste en enfrentar sus realidades interiores.

Asegúrese de no retroceder

Supongamos que lo hace. Enfrenta las cosas y se va. ¿Y qué hace ahora para aliviar el dolor del vacío? Puede llenarlo dándose, creciendo, aprendiendo y creando.

Si no lo hace, tal como lo verá más adelante en este mismo capítulo, es probable que anhele volver a aquella mala relación, repetirla con otro hombre, dejarse llevar por la tristeza y el arrepentimiento e imaginar que debe de haber cometido un error.

Ella le dejó pero sigue sintiéndose desdichada

Por ejemplo, ayer me llamó una mujer para contarme que cortó una relación deteriorada, porque pensó: "Cuando le deje, me sentiré más feliz. Pero no fue así." Le dije que le había dejado para "tener la oportunidad de construir la felicidad".

No es suficiente cortar. La felicidad no es un don, ni es automática. Es duro conquistarla.

¿Tengo derecho a dejarlo?

Si sospecha que su pareja no funciona bien y considera la idea de terminarla, tal vez esté luchando con esta pregunta: "¿Tengo derecho de cortar la relación?" Este es el caso de Kay.

Kay tiene cuarenta años, es una profesional del campo de la salud mental y está casada por segunda vez... con un alcohólico. Cada vez que le insiste en que deje de beber, aunque sólo sea por los dos hijos de un matrimonio anterior del hombre, él replica que está chantajeándole. En este momento, Kay piensa darle un ultimátum, amenaza con dejarle si se niega a pedir ayuda, pero se siente culpable.

El esposo de Kay debilita la resolución de ella apuntando al típico resquemor femenino de herir a los demás o de pedir demasiado. Si mezclamos eso con la expectativa de angustia y pérdida obtenemos la fórmula para cuestionar el derecho de abandonar una mala relación.

He aquí una clave importante: las dudas propias anteriores. En el caso de Kay, existen además un fracaso matrimonial repetido, el impacto de haber llegado a los cuarenta años, y las dudas profesionales respecto de emplear con el esposo la "técnica" equivocada.

¿Cuál es mi problema?

Sin embargo, por lo común la duda es más primaria: ¿cuál es mi problema? Eso es lo que se preguntaba Susan.

Susan fue derecho al meollo de la cuestión: "Mi esposo tiene ciertas apetencias sexuales que a mí me desagradan y en las que no quiero participar." Esas actividades, en las que el marido quiere obligarla a participar, incluyen sexo grupal, y mirar cómo él mantiene relaciones con otras mujeres y con hombres. Susan sabía que se hallaba en una encrucijada y que era muy probable que terminara abandonándole. ¿Por qué llamó, pues? Quería que yo le confirmara que no era disfuncional en el aspecto sexual si se negaba a las exigencias del esposo.

Le dije que la cuestión sexual no era lo más importante. Si querían obligarla a hacer cualquier cosa que a ella le disgustase, tenía todo el derecho de negarse.

—Susan —le dije— tienes derecho a vivir la clase de vida que desees. No tiene la menor importancia lo que tu esposo considere una vida sexual normal. Si me preguntas cuál sería tu justificación para dejarlo, te diría que siempre se halla una para alejarse de una situación incómoda y desagradable.

Rechazar la duda sobre una misma

La manera en que las personas como el marido de Susan intentan controlar a los demás es instigándolos a la duda sobre sí mismos: "Nunca encontrarás a alguien que te ame tanto como yo"; "Si no quieres participar de sexo grupal, ningún hombre te querrá"; "Eres demasiado... (puedes llenar el blanco)"; "Eres capaz de volver loco a cualquiera", etcétera.

Por desgracia, esta técnica suele dar resultado con las mujeres, que están habituadas a medir su propia identidad y su valoración según la aceptación de los demás. Sin embargo, existe una salida. Si puede relacionar la necesidad de ser manipulada con los traumas infantiles en un contexto terapéutico, tal vez tenga la clave para comprender y superar la vergüenza y la culpa desplazadas de su auténtico objetivo.

Quedarse, a pesar del dolor

Sin asistencia terapéutica, aquellas pérdidas personales de la infancia y el deseo de no repetirlas la conduce a preguntarte si tiene derecho a separarse.

Esa pregunta no tiene una respuesta tan absoluta como podría pensarse. En realidad, depende de las propias circunstancias, o de lo que consideramos normal o posible.

Por ejemplo, una paciente privada me contó que recibía maltrato físico del esposo. Tenía buena educación, un empleo rentable y me pregunté por qué una mujer sin hijos, con posibilidades de autonomía financiera, toleraba semejante situación siquiera por un segundo. Me miró a través de las lágrimas y me explicó: "Bueno, mi marido me pega menos de lo que me pegaba mi padre. Para mí, representa un avance."

¡Un avance! ¡Qué perspectiva más sórdida!

Lamentablemente, esta mujer no es una excepción. Existen innumerables casos en que la mujer ni siquiera piensa en separarse... aunque debería hacerlo.

Debe de ser mi culpa

Aurora tiene un compañero desde hace tres años que es un mentiroso congénito... por no decir patológico. ¿Por qué llamó? ¡Para preguntar si yo creía que él necesitaba ayuda profesional! Le señalé que él no era el que había llamado, por lo que cabía deducir que no tenía intenciones de cambiar. Por el contrario, ella sí. Pero Aurora no me escuchó; siguió insistiendo en hablar del hombre hasta que yo respondí en tono sarcástico: "¡Debe de ser tu culpa!". Sólo entonces nos acercamos al centro de la cuestión.

Dra. Laura: —Aurora, el problema es tu autoestima.

Aurora replicó llorando: —Eso es lo que me dice mi familia.

—¡Pero no los escuchas! ¿Quieres centrar la cuestión en el conflicto de tu novio? Muy bien, él está enfermo. Y a ti te apabulla el miedo de estar sola, el terror a la soledad. Mientras puedas preocuparte, perdonar, cuidarlo, nunca estarás sola, nunca tendrás que crecer, nunca tendrás que enfrentar tus temores internos.

—Eso es verdad.

—Querida, él es un pretexto, un modo de ocultarte a ti misma. Pero tú eres la que paga el precio.

—Tiene razón.

—Debes creerme que llegará un momento en tu vida en que sepas cuánto vales en realidad. En este momento, no lo sabes. Te derivaré a un terapeuta. ¿Te interesa?

—Sí, sí me interesa.

—Magnífico. Pero hasta que no comprendas que tu martirio benevolente hacia este hombre, que siempre te decepcionará, no cambiarás nada... sólo estarás huyendo de la posibilidad de convertirte en un ser más íntegro. ¡Haz esa llamada!

—¡Lo haré!... Gracias, Laura.

Tratar de evitar lo inevitable

Carol, de veintiocho años, tiene un motivo diferente para no considerar siquiera la idea de separarse... ¡cuando en verdad tendría que correr para salvar su vida! Estuvo casada durante diez meses con un hombre al que llamó "esta persona". Además, tiene un hijo de él. Después de casarse descubrió que tenía "un récord criminal". La interrogué, y admitió que los delitos incluían robo a mano armada, hurtos, y "algo por lo que está registrado como abusador sexual".

Dra. Laura: —¿Qué? Carol, tuviste un hijo con ese hombre. Si él violara y/o abusara de alguien, tu hijo y tú, y quizás otras personas podrían estar en peligro.

Carol: —Es cierto. Bueno, pero él dice...

—¡Oh! ¿Sabes?, cuando una mujer dice: "El dice...", a mí me da miedo. Pues eso es lo que hace una mujer que no quiere pensar por sí misma.

—Sí.

—Es una mujer que cree que todo está bien si el hombre dice lo que ella quiere escuchar.

—Sí, bueno, también descubrí que miente sin cesar.

—Carol, ¿por qué estás todavía con ese canalla?

—Creo que me preocupa el fracaso de mi matrimonio.

—¿El fracaso? ¡Tu marido es un cáncer de la sociedad, y tú lo consideras un fracaso! Carol, te equivocas. Esto no es un fracaso. ¡Lo sería si te quedaras con él y arriesgaras tu bienestar y el de tu hijo! Sé objetiva. Carol, ¿quieres enmendar los delitos de él? ¿O preferirías actuar con sabiduría y alejarte de ese individuo?

—Me gustaría abandonarle.

—Entonces, hazlo.

—Es que... es que no quisiera herirle más de lo que ya fue herido.

—No me vengas con que "no quiero herir sus sentimientos"... él se merece las consecuencias. ¡Tu actitud es tan típicamente femenina! No importa cuáles hayan sido los crímenes que cometió, lo que no quieres es herir los sentimientos de tu esposo al decirle que está lastimándote a ti.

—Tendría que irme a vivir con mi familia en California. Le quitaría a su hijo.

—Carol, este tipo es un abusador sexual, no un pilar de la comunidad. Le harías un gran beneficio a tu hijo, al menos por ahora. Lo que necesitáis tu hijo y tú, por el momento, es un techo, alimento, apoyo. Y necesitas ayuda profesional, para ver las cosas con más objetividad. ¡Vete a casa! ¿De acuerdo?

—De acuerdo, Laura.

Confieso que, después de esta llamada, durante la pausa comercial dejé caer la cabeza sobre mi cuaderno. Esta ceguera voluntaria era difícil de tolerar. Lo que siento ante este tipo de situaciones no es furia. Es un intenso dolor emocional. Y ese dolor es lo que me impulsó a escribir este libro.

El tonto hace tonterías

En mi opinión, las mujeres no se meten en semejantes apuros por necedad. Recordad que el título del libro se refiere a cometer errores, no a mujeres tontas. El impulso a encontrarse en aprietos proviene más bien de la orientación vital de las mujeres que tiene menos rasgos de coraje, independencia y creatividad individual de los que deberían tener.

¿Cómo podría volver a confiar en él? ¡Encontraré un modo!

Tammy, de veintiocho años, está casada con un hombre que la engaña reiteradamente. Por cierto, en ocasiones se endereza y se porta bien... cuando Tammy le amenaza con abandonarle. Sin embargo, Tammy se queda, y el esposo vuelve a las andadas. Cuando llamó, nos contó que, por su trabajo, el marido estaba fuera casi toda la semana, y no podía comunicarse con él por teléfono. La pregunta era: "¿Cómo puedo confiar en él?" No había respuesta posible. Pero lo que en verdad Tammy quería decirme era que sentía que "no tengo nada, no soy nada".

Dra. Laura: —Te tienes a ti misma. Eso no es "nada". Lo olvidaste, ¿no es así?

Tammy: —Sí, lo olvidé hace mucho tiempo.

—¡Recupéralo, pues! ¿Sabes lo que vas a hacer? Te ocuparás de tu propia vida. Cuando conviertes a tu esposo en el centro de tu vida y dices que no tienes nada... eso me asusta. ¡Un esposo tendría que ser un compañero... no ser tú misma! Tú tienes que ser tú.

—Cada vez que intento hacer algo, él me desanima.

—Tienes que recordar que no eres una esclava o una criada; no le perteneces a tu esposo. No es tu padre, tú no eres una menor. Eres una adulta y adoptas tus propias decisiones. Tienes que meterte eso en la cabeza. Necesitas tener algo propio para sentirte bien y fuerte.

—Sí, es cierto, pero al principio, cuando comencé a hacer algo por mi cuenta, tuve malas experiencias y luego me escondí detrás de mi esposo.

—Bueno, no sigas por esa clásica vía de escape femenina porque lo único que lograrás es perderte a ti misma... por completo.

—El sabe que si sigue engañándome le dejaré.

—No tiene ningún motivo para creer que lo harás.

—Sí, es verdad.

—Y ahora, hablemos de tus sueños y de tus intereses. Apuesto a que podemos elaborar un plan basado en la realidad. ¿Te parece?

Esconderse detrás de él

Esconderse tras él. Qué triste. Y malo. Además de las razones obvias, imagine qué clase de hombre elige cuando busca un escondite. Por cierto, no será una persona que desee una relación igualitaria, abierta, de respeto mutuo, ¿no es verdad? Claro que no. Se vinculará con un hombre que se conforme con estar por encima de usted.

Desde luego, lo que recibiría de semejante hombre no sería demasiado bueno. No tendría el menor poder de negociación porque es demasiado dependiente. Y en esas circunstancias, no tendrá más remedio que negociar.

¿No es él quien tiene que tomar la iniciativa?

Ann, de cincuenta y cinco años, está casada desde hace casi treinta años. Siempre sospechó que el esposo la engañaba y ahora, por desgracia, tiene evidencias concretas. Ya no es fácil para ella mantener la comedia de tantos años... la falsedad se ha vuelto obvia. Quiere intentar un salvamento, y pregunta: "Si no me pidió el divorcio, ¿no significa acaso que me ama?"

Por supuesto que no. Ese hombre no es capaz de amar. Es un hombre que posee y mantiene el poder sobre las mujeres de distintas maneras. De alguna forma, Ann lucha por mantener una ficción de matrimonio. Pregunta: "¿No es él quien tiene que pedirme el divorcio?"

No, claro que no. El marido tiene todo lo que desea. No es el que está insatisfecho. Se trata de la vida de Ann, y es ella la que tiene que tomar la decisión.

Por unos instantes, Ann juega con la idea del divorcio y luego piensa en los elementos concretos, tangibles de su vida: el dinero, la casa, la "familia", la vida social en general y expresa en voz alta que no quiere perder todo eso. Continúa:

—No, creo que lo que quiero y necesito es amor.

—Pero Ann —le digo con suavidad— esas dos cosas, la seguridad y el amor en este matrimonio no van juntas. Tienes que elegir una.

Y Ann elige la que siempre había preferido: la seguridad.

Le respondo: —Sepulta las evidencias y olvídate de ellas.

¡No será usted una víctima sólo porque crea que lo es!

No creo que Ann sea una víctima, salvo en lo que se refiere a su ser interior inexplorado, no desarrollado. Es una idea difícil de aceptar para una mujer que afirma estar hambrienta, abierta al amor y a la intimidad cuando en realidad vive en un desierto.

Muchas mujeres llaman para protestar: "Si no fuese por él...", ¡como si no tuvieran alternativas! Si quisiera comida china, sería tonto que fuese a buscarla a un restaurante italiano y le gritara al chef, reclamándole porque no hay platos chinos. ¿No? ¡Así es!

El problema no es el hombre

Mujeres, mirad dentro de vosotras. El problema no está en el hombre sino en el modo en que encaráis el miedo a la intimidad: negándoos a tenerla. Y esta complicación que os lleva a una decepción segura y que es una actitud de autoprotección se excusa bajo el remanido: "Pero yo le amo."

Dependencia desesperada

¡Por favor! No se refiere al amor: la consideración mutua, admiración, respeto, pensar en el otro, franqueza, aceptación, honestidad, etcétera..., se refieres a una dependencia desesperada, a un triste remedo de familiaridad.

La familiaridad puede convertirse en una trampa fatal. La conveniencia, la rutina, el tiempo invertido, la estructura cotidiana ejercen una intensa presión. Si le agrega el miedo a lo desconocido de la vida y a lo que hay dentro de sí misma, terminará caminando sobre arenas movedizas. No llegará a ningún sitio.

¿Cuál es el motivo para cambiar pese a todo? Para algunos, el dolor de la situación se vuelve intolerable. Para otros, una chispa de esperanza y la atracción de nuevas posibilidades, expresadas en personas que nos sirven como ejemplo, y también este libro.

Tener un hombre a su lado no curará sus heridas

Tener un hombre a tu lado no curará sus heridas, ni resolverá las dudas con respecto a usted misma, ni la protegerá de los desafíos de la vida. Cuando adopta semejante actitud, la clase de hombre que elige no es el que recomendaría a su mejor amiga. Admítalo. Enfréntelo. Haga algo.

En caso contrario, lastimará a otras personas además de usted: igual que Aurora, Carol, Tammy y Ann, Sandra tiene mucho miedo de separarse... ¡aunque debería hacerlo!

Bajo la planta de él

Sandra comenzó diciendo que pensaba llevar al hijo a una terapia para ayudarle a superar los estragos que le provocaba al niño la relación matrimonial de los padres. Lo que en verdad pretende es llevar al esposo, un sujeto autoritario, a un tratamiento terapéutico, pero el sujeto asegura que no lo necesita, que todo andaría de maravillas si ella se limitara a "escucharlo y obedecerle".

Le digo: —¡Caramba! Tienes que decirle que sí a todo pero, en este momento, hay problemas en tus relaciones que no tienen nada que ver con el modo en que haces las cosas, y que están minando tus sentimientos de amor y cariño. Pregúntale a tu esposo si eso le preocupa. Dile que necesitas pensar juntos en estas cuestiones. En última instancia, si se niega porque no te toma en serio, o porque está muy asustado y eso lo vuelve empecinado, puedes asegurarle que tendrás que abandonarle.

Sandra tiene que emplear su perspectiva personal como adulta responsable, y no como una niña bajo la planta del padre. Ese matrimonio tiene serios problemas, tal vez, irreparables. Hasta que la situación en el hogar no mejore de manera considerable será inútil someter al hijo de once años a una terapia. Cualesquiera hayan sido los antiguos parámetros que se ponen en juego para que se deje dominar, con ayuda profesional Sandra puede aprender a tomar conciencia y cambiar, en bien del hijo y de sí misma.

A veces usted no quiere ver

¡Una convocatoria a la acción! ¡Por fin! ¿Y por qué estas mujeres no advierten con claridad que se encuentran en una situación insalubre? No se trata de no ver... sino de no querer ver. Admitámoslo: los cambios son difíciles, penosos, provocan temor. Lo malo conocido es siempre mejor que lo bueno por conocer.

El terror de liberarse

Y esto nos conduce al pánico de liberarse y ponerse en acción. Existen variadas manifestaciones de esta ansiedad paralizante. He aquí algunos ejemplos:

La que "arregla" a los demás

El modo en que algunas mujeres intentan afirmar su individualidad es cambiar a un hombre. Muchas de vosotras os definís aferrándoos a un hombre.

Barbara sabe qué hacer... pero tiene miedo. Es lamentable que el temor se convierta en la fuerza predominante de la vida femenina. Está saliendo con un hombre muy dependiente, que insiste en casarse con ella... aunque nunca hicieron el amor y él no parece tener intenciones de hacerlo. Barbara no sólo no quiere casarse con él sino que en verdad desearía terminar con la relación... pero es una "arregla-personas". Persigue a los que necesitan ayuda en lugar de ayudarse a sí misma. Ya es hora de que se ocupe de eso y deje de sacrificar su propia felicidad por alguien que tiene serios problemas y al que en realidad no desea como compañero.

Salvada por el hada madrina

Suzy está separada desde hace dos años porque "él no quiere divorciarse". Me reí y le aclaré que ese no era el motivo de la separación sino su pretexto. Algunas mujeres siguen a la espera de que las salve el hada madrina. El esposo de Suzy es alcohólico y tiene un temperamento violento. No busca ayuda y se limita a irse y volver, haciendo promesas y provocando decepciones. Pero ella sigue esperando que la próxima vez las cosas se resuelvan.

Después de unos momentos, logra expresar su miedo verdadero:

—¿Y si no encuentro a otro hombre?

Supongo que será el fin del mundo, cesará la ley de gravedad y se destruirá la armonía del universo.

¡Los cuentos de hadas nunca se hacen realidad!

El esposo de Linda siempre la engañó, incluso durante el embarazo. Me llamó poco antes de dar a luz, ya decidida a pedir el divorcio. Dos semanas después estaría completo el trámite y establecido el aporte económico del marido. Pero, en palabras de la propia Linda, él "está comportándose de un modo perfecto". Quiere saber si desistir o no del divorcio. Sería en verdad estupendo si los cuentos de hadas se convirtiesen en realidad. Pero enfrentémoslo, señoras: los seductores saben cómo comportarse... con sus propias esposas y con las demás mujeres. Saben decir lo que una quiere y necesita escuchar.

El es un gusano, pero yo me siento sola

Durante años Bobbie, de cincuenta y dos años, fue hostigada por el ex novio alcohólico. Parece furiosa ante los reiterados intentos del hombre de volver a verla, pero luego admite que lo acepta porque se siente sola y agradece hasta las atenciones de un enfermo. Le digo: —Nunca es tarde para forjar una nueva vida. Hazlo y te desharás de esa dependencia.

El maestro del yo-yo

Heather, de veinticuatro años, está saliendo desde hace diez meses con un hombre que durante todo ese tiempo osciló entre acercarse a ella y engañarla con otra mujer. Cuando Heather le regaña, o le pesca con las manos en la masa el hombre llora. Y a ella la conmueven las lágrimas. Le aconsejé que prestara más atención a lo que sucedía entre un ataque de llanto y otro: eso era lo fundamental. Son esas mismas lágrimas las que provocan en Heather la falsa impresión de que él la quiere.

Es eso lo que más ansía

¡Pero él no es tan malo!

Lisa también se siente angustiada. Hace un año que está separada, tiene dos niños de cinco y seis años, y esto complica la situación. Lisa admite que el marido es un buen padre, trabajador, y que ha sido fiel. No obstante, a medida que avanzaba la conversación se hizo evidente que no fue un buen compañero.

La inseguridad le volvió autoritario y le hizo olvidar por completo la compasión. Su problema le hizo destructivo. A Lisa le cuesta separarse de él por sus "buenas cualidades" y protestas de que ha cambiado.

El hermano de Lisa sufre de una enfermedad terminal, y algunos miembros de la familia quieren acompañarlo en un viaje a Europa antes de que muera, lo que no tardará mucho en suceder. El esposo de Lisa, apoyándose en los supuestos cambios, quiere forzarla a elegir entre el viaje y el matrimonio.

Yo supuse que ese planteamiento haría a Lisa más fácil la separación.

Así fue.

Una vez que se decidió...

Veamos qué ocurre cuando decide separarse.

Tuvo la sensatez y el coraje de separarse. Sin embargo, al pasar los días, o quizá los años, le asalta la duda: tal vez haya cometido un error. ¿Qué es lo que la lleva a pensar eso?

¡Quizás haya cometido un error!

Hace cinco años que Pat terminó con una relación, y ahora la asaltaron las dudas. Al insistir yo con las preguntas, confesó que el hombre no quería casarse, no tenía trabajo y se drogaba. ¿Por qué diablos querría Pat a semejante inútil? Al parecer, el hombre había escarmentado y resuelto sus problemas. En cambio Pat no había hecho nada con su vida y tenía un empleo que no la satisfacía.

Dra. Laura: —Recuerdas a este hombre, ves que mejoró su situación y piensas: "Quizá tendría que haber seguido con la relación." Al dejarlo, adoptaste una decisión inteligente pero luego no hiciste nada por ti misma. Por lo tanto, estás buscando un nido en el que cobijarte.

Pat: —Es cierto.

—¿Y después, qué? ¿Crees que eso te haría feliz?

—No.

—¡Sí, lo crees! Imaginas que te salvará y te transformará en un ser humano completo.

—Eso significa que yo tengo que labrar mi propia felicidad, ¿no es así?

—Lo que tienes que hacer es buscar un objetivo. Sentir que tu existencia deja una huella en el mundo. Emprender algo que dé significado a tu vida. Entonces, aprenderás a elegir mejor a tu pareja. Sólo buscamos y aceptamos lo que creemos merecer. Vuelve a estudiar... forja tu identidad. Sueña y concreta los sueños.

—De acuerdo —respondió con blandura.

—No pareces muy entusiasmada. ¿Y tú afirmas que él no quería comprometerse? ¡Tú eres la que no quiere comprometerse consigo misma! ¡Pretendes que alguien haga lo que no quieres hacer por ti misma!

—Entiendo.

—Sé que asusta y que puede resultar tedioso, pero concreta algo... La recompensa es inmensa.

—Lo haré. Gracias.

Pat adoptó la decisión correcta al dejar a ese hombre. Este paso es necesario pero no suficiente para lograr una vida más plena y feliz. Es como cuando usted quita las telarañas: ¡luego tiene que pintar! La separación le da espacio para crecer, y es entonces cuando comienza el proceso de aprender, de aceptar los desafíos y asumir riesgos en búsqueda de sus sueños.

Y para ser franca, no creo que un hombre que se haya recuperado esté interesado en una mujer que no haga lo mismo.

Sé que tendría que odiarle, pero...

También Janet, de cuarenta y cinco años, adoptó la sabia decisión de dejar a su pareja y como Pat, está arrepentida. En este caso, el motivo es que no puede relacionarse con un hombre más que siendo su "mamá".

Janet convivió doce años con un alcohólico, drogadicto, que le pedía dinero "prestado" (no siempre con conocimiento de ella) y nunca lo devolvía, y tampoco conservaba ningún empleo.

—Tendría que odiarle, pero sólo soy capaz de llorar —se lamenta Janet—. Sé que hice lo correcto al echarle... pero sigo teniendo deseos de llamarle.

El desafío presente para Janet consiste en que, después de haber tenido la prudencia de echarle, se atreva a dar un paso adelante: convencerse de que ser la mamá era el único modo que tenía de obtener cierta seguridad en el vínculo con un hombre.

Si a los cuarenta y cinco años la asusta tanto enfrentar ese conflicto, seguirá teniendo dudas.

Para Pat y Janet, así como para muchas de vosotras, esas dudas remplazan la necesidad de cambiar.

Cuando es mejor quedarse

Por último, quisiera mencionar dos motivos de peso para no cortar una relación aunque a primera vista pudiera parecer lo correcto.

Por los niños

Lisa, de treinta y uno, admitió que casarse fue un "arreglo de negocios". El esposo consiguió una madre para los dos hijos y ella, la seguridad económica que anhelaba. Hizo algunas escapadas en búsqueda de satisfacción "emocional y sexual"... y él lo sabe.

En ese punto, la conversación cambió de rumbo.

—No quiero dejar a los niños. Nos queremos mucho. La

madre los abandonó y no quisiera que vuelvan a sufrir lo mismo por causa de mi abandono. Les amo —confesó.

Esto me conmovió pues se trata de una transacción moral. La prioridad para Lisa estaba en la gratificación de ser madre, de proteger y experimentar los sentimientos maravillosos que brinda una relación cálida con los niños. Estaba dispuesta a aceptar esa transacción tal como era, a cambio de lo que consideraba una ventaja indiscutible.

Le dije que la admiraba.

Este es uno de los motivos importantes para quedarte cuando deberías irte. Otro es el de Kathy.

Cuando el problema es en parte su culpa

Kathy está casada desde hace casi ocho años. Nos cuenta que pasó de una relación de dependencia a otra, como una chica rebelde. Y lo mismo le sucede ahora. Dice que el esposo la critica y la controla. Comprende que lo eligió porque podía depender de él, en cambio ahora, asegura, cambió, creció y ya no necesita a un marido de ese "tipo".

Se mostró por completo reservada con el esposo, no le confió ni compartió con él sus pensamientos ni sus sentimientos. Para enterarse de qué era lo que le pasaba, él necesitó leer su diario íntimo y eso enfureció a Kathy.

Le dije que ella era la que había entrado en ese juego y ahora quería cambiar las reglas. Sospecho que el esposo debe de sentirse herido y rechazado. Si alguien se casara conmigo por mis características y luego considerara que esos rasgos son despreciables y me rechazara, yo me sentiría dolida, exasperada y nerviosa.

—Es necesario que demuestres cierta compasión hacia tu esposo —le dije—. En lugar de considerarlo un canalla autoritario, tienes que asumir que no quisiste enfrentar los desafíos de la vida sino que alguien se hiciera cargo de ti: eso fue lo que elegiste. Le debes una discusión abierta acerca de lo que te sucede y la oportunidad de ver si él es capaz de evolucionar. El no es el enemigo, no es quien te impidió progresar. ¡Tú fuiste la responsable!

Así como Lisa se queda por los niños, por el bien de ellos y por la satisfacción que eso le brinda, Kathy tendría que quedarse al menos para permitirse la experiencia de ser independiente sin comportarse como una niña rebelde.

Obedezca siempre a sus impulsos sabios, no a sus miedos

A menudo he dicho en mi programa que: "El agua y la autoestima buscan su propio nivel." Eso significa que cuando usted está emparejada con un hombre de mala conducta (que es violento, negativo, autoritario, adicto, criminal, etcétera), la mezcla entre su compasión ("En el fondo, tiene buen corazón") y su reticencia ("Me da mucho miedo dejarle; tal vez las cosas mejoren"), demuestra que no piensa demasiado en usted misma ni en sus posibilidades.

Bueno, hija, la única manera de superar esa situación es obedecer siempre a los impulsos sabios y no a los miedos. Haga lo que aconsejaría a otra persona: sepárese, crezca, cambie, acepte los desafíos. Concrete algo constructivo. Ese es el modo de mejorar la autoestima. Deje de excusarse por ser la hija adulta de... (llene el blanco). Eso no hace más que debilitarla.

Formule un plan de vida y síga con coraje, con valor. En última instancia, es la única forma de encontrar satisfacción.

Haga lo que debe... y no me diga que no sabe en qué consiste pues no le creeré. No permita que el miedo, la pereza o la cobardía sea tu Flautista de Hamelín.

Sé que puede hacerlo. ¡Confío en usted! ¡Vamos, prepárese, hagase cargo de su vida!

P.S.: Quisiera transmitiros un extraordinario artículo de la columna de televisión de Ray Richmond en *Los Angeles Daily News*, que pone de manifiesto la falta de convicción de muchas mujeres:

"Si ve el programa de esta noche de 'Charla nocturna con Jane Whitney', verá a una pareja del norte de Hollywood compuesta por Marla Young y Kenneth Makley, que participarán en el tema de esta noche: 'Los hombres que no quieren casarse.'

"Young llamó para declarar que le había dado un ultimátum a Makley: o se comprometía en Navidad o si no...

"—¿Si no, qué?

"—Si no, me sentiré muy mal —dijo Young—. Sin embargo, no le dejaría por ningún motivo", agregó.

Richmond concluye diciendo: "¡He aquí una mujer de convicciones firmes!"

Epílogo

El nacimiento de las mujeres inteligentes

¿Qué espero que haya sacado en limpio de este libro? Es simple. Espero que constituya el punto de arranque de su valor; que le haga comprender que puede dejar de comportarse como una tonta, que tiene que volverse sagaz y aceptar la única solución posible a sus problemas personales. Es necesario que cambie su comportamiento, y eso significa avanzar, arriesgarse, cosa que, admito, es atemorizante. Pero, ¿cuál es la alternativa? No tengo que decírsela porque vive con ella.

En los últimos tiempos, me llamaron muchas mujeres sumergidas por completo en sus historias, chapoteando en la desdicha porque nada había cambiado aunque hubiesen recurrido a la psicoterapia o asistido a las reuniones de "Hijos Adultos de lo que fuese". Como estas mujeres saben pero temen asumir, la clave real para el crecimiento se halla dentro de ellas, no fuera. Consiste en hacer algo nuevo, algo diferente para ellas, que las eleve por encima de la actual situación.

En mayo de 1993 di una charla para un grupo de madres trabajadoras y sólo recibí una aprobación del cincuenta por ciento de la concurrencia. De hecho, el salón bullía de hostilidad mientras yo afirmaba que los niños pequeños necesitaban

215

estar con las madres y/o con los padres que los atendieran y les diesen el afecto y el ambiente positivo imprescindible para crecer y madurar con buena salud física y emocional. Resultó que buena parte de la audiencia que discutía mis puntos de vista estaba constituida por mujeres que habían tenido hijos con hombres que luego las abandonaron, amores de una noche, sujetos sin intenciones de casarse, tipos con problemas graves, etcétera. Las autodenominadas víctimas de semejantes fracasados protestaban asegurando que yo no entendía que la sociedad, los servicios sociales, no estaban organizados para permitirles ser buenas madres, hacer lo que "más conviene a los niños". Según mis detractoras, yo me limitaba a echarles toda la culpa a ellas.

—Bueno —repliqué— no estoy dispuesta a asumir la responsabilidad por los actos erróneos que, en primer lugar, os llevaron a una situación de perdedoras... ni por la mala suerte que os estropeó los planes. Sin embargo, sí estoy dispuesta a hablar de la necesidad de creatividad y decisión para encontrar una solución a los conflictos.

Hace una semana, en otra charla pública, se me acercó una mujer joven que había asistido a mi conferencia para las madres trabajadoras. Me dijo que estaba entre las mujeres que se habían enfadado, pero luego comprendió que su resentimiento obedecía al intento de echarle la culpa a otros. Desde aquel momento, aprovechó mi consejo: reunió coraje y, empleando la sensatez, instaló una empresa de comidas que maneja en su propia casa y, por lo tanto, le permite estar con el hijo. Al principio, me guardó un amargo resentimiento pero ahora estaba sinceramente agradecida conmigo. En verdad, me conmovió.

Imagino que muchas de las lectoras de este libro también estarán furiosas conmigo.

Sí, sé que a menudo las mujeres que han sufrido de abuso sexual o que fueron criadas por madres solteras inician demasiado pronto su vida sexual y también terminan convirtiéndose en madres solteras... en un intento desesperado por cicatrizar las viejas heridas y entablar un vínculo especial. Tengo la esperanza de que si ese es su conflicto y este libro la ayudó a comprenderlo, se sienta impulsada a mover la palanca de cambios y avanzar en una dirección positiva, hacia la autodeterminación, hacia una vida plena.

Por lo general, la ideología feminista acusa a los hombres o a la sociedad en su conjunto, ignorando así el papel fundamental que juegan las mismas mujeres para encontrarse en situaciones desdichadas. Lo que quisiera que comprenda es que todos los seres humanos enfrentan desafíos, lo quieran o no, y que algunos de ellos son más duros que otros. Enfréntelo: más allá de lo que deje o tome por usted misma, no hay destino.

Con todo fervor, quisiera que este libro la ayude a enfrentar a los demonios de adentro y de afuera y a hacerse cargo de su propia vida. Quisiera que comenzara a construir una existencia mejor, más rica, a través del coraje y la compasión. Cuando haya dado el primer paso, experimentará un "efecto explosivo": más energía le permitirá hacer mejores elecciones y eso a su vez le brindará mayor satisfacción a usted misma y a los que la rodean.

Creo que este libro puede ser el primer guijarro arrojado al estanque y forme en el agua círculos concéntricos cada vez mayores.

Esta edición se terminó de imprimir en
VERLAP S.A. Comandante Spurr 653
Avellaneda - Prov. de Buenos Aires, Argentina,
en el mes de abril de 1996